Michael Rother

***

Internet-Versteigerungen

Zivil-, Wettbewerbs- und Verbraucherschutzrecht

www.salzwasserverlag.de

Rother, Michael

Internet-Versteigerungen

Zivil-, Wettbewerbs- und Verbraucherschutzrecht

Wismarer Schriften zu Management und Recht, Band 6

Herausgegeben von:
Prof. Dr. Jost W. Kramer
Prof. Dr. Julia Neumann-Szyszka
Prof. Dr. Karl Wolfhart Nitsch
Prof. Dr. Gunnar Prause
Prof. Dr. Andreas Weigand
Prof. Dr. Joachim Winkler

1. Auflage 2007

ISBN-13: 978-3-86741-018-2

Druck und Herstellung: Hohnholt Reprografischer Betrieb GmbH, Bremen (www.hohnholt.com)

Dieser Titel unterliegt dem Gesetz zur Regelung der Preisbindung von Verlagserzeugnissen (BGBl. I Nr. 63 vom 5. September 2002)

Die Deutsche Bibliothek verzeichnet diesen Titel in der Deutschen Nationalbibliografie. Bibliografische Daten sind unter http://dnb.ddb.de verfügbar.

Salzwasser
Verlag

Inhaltsverzeichnis

Abkürzungsverzeichnis

B-2-B	Business to Business (Geschäfte zwischen Unternehmern)
B-2-C	Business to Consumer (Geschäfte zwischen Unternehmern und Verbrauchern)
BB	Betriebs-Berater
BGB	Bürgerliches Gesetzbuch
BGB-InfoV	Verordnung über Informations- und Nachweispflichten nach bürgerlichem Recht
BGHZ	Entscheidungen des Bundesgerichtshofs in Zivilsachen
C-2-C	Consumer to Consumer (Geschäfte zwischen Verbrauchern)
CISG	Convention on the International Sale of Goods (UN-Kaufrecht)
CR	Computer und Recht
DB	Der Betrieb
EG	Europäische Gemeinschaft
EGBGB	Einführungsgesetz zum Bürgerlichen Gesetzbuch
EU	Europäische Union
EuGVÜ	Brüsseler EWG-Übereinkommen über die gerichtliche Zuständigkeit und die Vollstreckung gerichtlicher Entscheidungen in Zivil- und Handelssachen
EuGVVO	Verordnung über die gerichtliche Zuständigkeit und die Anerkennung und Vollstreckung von Entscheidungen in Zivil- und Handelssachen
EWR	Abkommen über den Europäischer Wirtschaftsraum
FernAbsG	Fernabsatzgesetz (jetzt übernommen in §§ 312b ff. BGB)
GewArch	Gewerbe Archiv: Zeitschrift für Gewerbe- und Wirtschaftsverwaltungsrecht
GewO	Gewerbeordnung
GRUR Int.	Gewerblicher Rechtsschutz und Urheberrecht – Internationaler Teil

IPR	Internationales Privatrecht
IPRax	Praxis des Internationalen Privat- und Verfahrens-rechts
ITRB	Der IT-Rechts-Berater
JR	Juristische Rundschau
JuS	Juristische Schulung
JZ	Juristen-Zeitung
K & R	Kommunikation & Recht
KSchG	(österreichisches) Konsumentenschutzgesetz
LugÜ	Luganer Übereinkommen über die gerichtliche Zu-ständigkeit und die Vollstreckung gerichtlicher Ent-scheidungen in Zivil- und Handelssachen
MarkenG	Gesetz über den Schutz von Marken und sonstigen Kennzeichen
MDR	Monatsschrift für Deutsches Recht
MMR	Multimedia und Recht
m. w. N.	mit weiteren Nachweisen
NJW	Neue Juristische Wochenschrift
NJW-CoR	NJW-Computerreport
NJW-RR	NJW-Rechtsprechungs-Report
PAngV	Verordnung zur Regelung der Preisangaben (Preis-angabenverordnung)
PatG	Patentgesetz
RGZ	Entscheidungen des Reichsgerichts in Zivilsachen
RIW	Recht der internationalen Wirtschaft
TDG	Teledienstegesetz
UKlaG	Gesetz über Unterlassungsklagen bei Verbraucher-rechts- und anderen Verstößen
UStG	Umsatzsteuergesetz
UWG	Gesetz gegen den unlauteren Wettbewerb
VerstV	Verordnung über gewerbsmäßige Versteigerungen (Versteigerungsverordnung)
VuR	Verbraucher und Recht
WM	Zeitschrift für Wirtschafts- und Bankrecht
WRP	Wettbewerb in Recht und Praxis

ZIP	Zeitschrift für Wirtschaftsrecht
ZPO	Zivilprozessordnung

Vorwort

Internetauktionen erfreuen sich wachsender Beliebtheit sowohl bei privaten Käufern und Verkäufern wie bei Gewerbetreibenden. Ohne das Haus verlassen zu müssen kann man aus einem riesigen Warenangebot wählen, erhält eine gute Marktübersicht und ein bisschen Spannung ist auch noch dabei, ob man den bebotenen Artikel auch tatsächlich bekommt oder nicht ein anderer Bieter im letzten Moment doch noch ein höheres Gebot abgibt.

Diese moderne Art des Warenabsatzes stellt indes die Rechtsordnung vor eine Fülle neuartiger Rechtsprobleme, für die sich Lösungen erst allmählich - insbesondere durch Gerichtsentscheidungen „case by case" - herauszubilden beginnen. Die hier vorgelegte Diplomarbeit behandelt in einer breit angelegten Analyse wichtige Rechtsfragen von Internetauktionen - vom Vertragsabschluss mit und ohne Einbeziehung Allgemeiner Geschäftsbedingungen bis zum Verbraucherschutz- und Wettbewerbsrecht. Auch Fragen des grenzüberschreitenden Internethandels werden nicht ausgespart.

Damit bietet die Arbeit jedem, der über Internetauktionen Waren kaufen oder verkaufen will, einen verlässlichen Leitfaden zur Vermeidung von Rechtsnachteilen. In auch für den juristischen Laien verständlicher Sprache schafft dieser Leitfaden Übersicht im Dickicht der vielen einschlägigen Rechtsnormen. Praxisnahe Gestaltungsvorschläge zeigen Wege zur Optimierung des Geschäfts.

Michael Rother ist ein stets überzeugend begründeter Beitrag zur aktuellen Debatte über Praxisfragen des Internetrechts gelungen.

Peter Kiel

1. Einleitung

Während sich Internetauktionen einer stetig hohen Beliebtheit erfreuen, herrscht über die rechtlichen Rahmenbedingungen und insbesondere bei vielen Einzelfragen noch immer eine große Rechtsunsicherheit. Sowohl in der Literatur als auch in der Rechtsprechung der Instanzgerichte gibt es hier teilweise diametral entgegen gesetzte Meinungen bzw. Entscheidungen, die diese Unsicherheit aufrechterhalten.

Hinzu kommt, dass ein Großteil der relevanten Gesetze, angefangen vom Vertragsrecht im BGB bis hin zu den diversen wettbewerbsrechtlichen Regelungen, in der Regel ausschließlich für Vorgänge in der „realen" Welt geschaffen wurden, auf welche sich die Verhältnisse im Internet nicht oder kaum unmittelbar übertragen lassen. Und auch die AGB, Grundsätze und faktischen Darstellungen der Auktionsplattformen stimmen nicht immer mit der tatsächlichen Rechtslage überein. Daher laufen die Nutzer der Internetauktionen – insbesondere die Verkäufer – selbst bei korrekter Anwendung dieser Regeln immer Gefahr, ohne es zu wissen oder gar zu wollen gegen geltendes Recht zu verstoßen.

In der folgenden Arbeit wird auf einige dieser Probleme intensiv eingegangen. Da bereits eine kurze Darstellung sämtlicher Fragestellungen den Rahmen der Arbeit um ein vielfaches sprengen würde, erfolgt eine Konzentration auf einzelne relevante und aktuelle Teilprobleme. Für weiterführende Informationen zu sonstigen Problematiken wird bereits jetzt auf die angegebene Literatur verwiesen.

Gang der Arbeit

Nach einer kurzen Darstellung des grundsätzlichen Ablaufs einer Internetauktion am Beispiel des derzeit unangefochtenen weltweiten Marktführers eBay werden als erstes die rechtlichen Grundlagen des Vertragsschlusses zwischen dem Verkäufer und dem Höchstbieter erörtert. Es wird in diesem Zusammenhang dargestellt, inwieweit der Verkäufer die Möglichkeit hat, die Auktion während der Laufzeit abzubrechen sowie welchen Einfluss die AGB der Plattformbetreiber auf den zwischen Käufer und Verkäufer geschlossenen Vertrag haben. Dabei wird insbesondere auf einige typische Sonderfälle eingegangen, die zwar vom grundsätzlichen Ablauf abweichen, aber trotzdem regelmäßig anzutreffen sind. Ausgeklammert werden zunächst verbraucherschutzrechtliche Besonderheiten beim Vertragsschluss.

Diese werden im zweiten Kapitel ausführlich dargestellt. Einen besonderen Schwerpunkt bildet dabei das Widerrufs- bzw. Rückgaberecht bei Fernabsatzverträgen. Auch auf die unterschiedlichen Informationspflichten wird dabei näher eingegangen. Einen weiteren Schwerpunkt dieses Kapitels bildet eine Analyse der Anwendbarkeit der Preisangabenverordnung auf Internetauktionen sowie eine kurze Darstellung weiterer relevanter wettbewerbsrechtlicher Probleme. Die sich hieraus ergebenden Sanktionsmöglichkeiten bilden den Abschluss dieses Abschnitts.

Im dritten Kapitel wird schließlich die Internationalisierung von Internetauktionen beleuchtet. In der gebotenen Kürze wird ausgeführt, welches Recht bei internationalen Verträgen Anwendung findet und an welchen Gerichtständen dieses geltend gemacht werden kann. Die Konzentration liegt dabei auf den Verträgen zwischen den Nutzern sowie auf der wettbewerbsrechtlichen Problematik.

Neben einer kritischen Auseinandersetzung mit der Rechtspre-chung und Literatur werden jeweils zum Abschluss der einzelnen Kapitel Handlungsempfehlungen gegeben, welche das Handeln bei Internetauktionen insbesondere für Verkäufer so rechtsicher und erfolgreich wie möglich machen sollen.

2. Darstellung des typischen Ablaufs einer Internetauktion

Zum besseren Verständnis der Arbeit wird im Vorlauf zunächst der typische Ablauf einer Internetauktion dargestellt. Die Darstellung erfolgt am Beispiel von eBay.de, welches in Deutschland derzeit nicht nur der Marktführer für Internetauktionen, sondern aufgrund der im Vergleich zu allen Konkurrenten deutlich höheren Benutzerzahlen und Anzahl durchgeführter Auktionen als einziger ernsthafter Anbieter von allgemeinen Internetauktionen anzusehen ist.[1]

Bevor sie den Marktplatz nutzen können, müssen sich sowohl Verkäufer als auch die Bieter bei eBay registrieren. Während der Registrierung werden die angegebenen Daten, insbesondere die Anschrift, durch einen Abgleich mit den SCHUFA-Daten überprüft. Außerdem müssen im Laufe des Registrierungsvorgangs die AGB von eBay gelesen und akzeptiert werden. Auf die Bedeutung der AGB wird im Verlauf von Kapitel B. noch näher eingegangen.

Um nach der Registrierung einen Artikel zu verkaufen, müssen die Angaben über ein mehrseitiges Formular an eBay übertragen werden. Dabei wird zuerst das Verkaufsformat gewählt. Zur Aus-

---

[1] Handelsvolumen auf eBay.de im Jahr 2005: 8,5 Mrd. US-Dollar. Durchschnittlich pro Tag im Angebot befindliche Artikel (2005): 8,8 Mio.; Anzahl unterschiedlicher Nutzer (Stand: Juni 2006): 17 Mio. (http://presse.ebay.de/news.exe?content=FD, zuletzt abgerufen 02.08.2006). Im Vergleich hierzu hat bspw. Atrada.de gerade einmal 300.000 Nutzer (http://www.atrada.net/media.jsp, zuletzt abgerufen am 02.08.2006) während Hood.de zwar keine Zahlen veröffentlicht, aber mit der Aussage „Zweitgrößtes Deutsches Auktionshaus" wirbt (http://hood.de, zuletzt abgerufen am 02.08.2006). Neben den allgemeinen Auktionen gibt es noch einige Unternehmen, die Internetauktionen nur für eng eingegrenzte, spezielle Bereich bieten (z. B. http://www.muenzauktion.com).

wahl steht neben der typischen Auktion noch der Verkauf zum Festpreis sowie für Immobilienverkäufe ein Anzeigenformat. Für diese Arbeit wird allerdings nur auf das typische Auktionsformat eingegangen, da die anderen beiden Formate im Grunde einem normalen Verkauf entsprechen.

Nach der Auswahl der Kategorie, unter welcher der Artikel später zu finden ist, beschreibt der Verkäufer seinen Artikel. Dabei steht ihm neben einem relativ kurzen Titel, der als Suchergebnis angezeigt wird, ein umfangreicher Raum für eine genauere Beschreibung zur Verfügung. Durch die Nutzung von html-Befehlen[2] kann die Beschreibung durch versierte Nutzer entsprechend gestaltet werden, angefangen von Bildern bis hin zu verschiedenen Animationen. Insbesondere sollten in diesem Bereich die Verkaufsbedingungen des Verkäufers detailliert dargestellt werden. Auch hierauf wird im Verlauf der Arbeit noch näher eingegangen. Anschließend muss sich der Verkäufer entscheiden, zu welchem Startpreis der Artikel in die Auktion gehen soll. Die Höhe des Startpreises ist insbesondere für die Höhe der erfolgsunabhängigen Gebühr relevant, die sich über eine Staffelung mit steigendem Startpreis ebenfalls entsprechend erhöht. Zusätzlich kann der Verkäufer auch noch einen Sofortpreis festlegen, bei welchem die Auktion sofort beendet werden würde. Sobald allerdings das erste Gebot abgegeben wird, verfällt diese Sofortkaufoption. An dieser Stelle können und sollten Unternehmer ebenfalls angeben, ob und in welcher Höhe Umsatzsteuer im Verkaufspreis enthalten ist. Diese Angabe wird in der späteren Artikelbeschreibung dargestellt. Weiterhin muss die Dauer der Auktion angegeben werden, wobei die Auswahl zwischen einem,

---

[2] Hypertext Markup Language; Programmiersprache zur Formatierung der Darstellung von Webseiten.

drei, fünf, sieben oder zehn Tagen besteht. Schließlich kann der Verkäufer auch noch diverse Zusatzoptionen wählen, die das Angebot in den Suchergebnislisten hervorheben.

Im vorletzten Schritt muss der Verkäufer aus einem vorgegebenen Katalog von Zahlungsmethoden auswählen, welche er akzeptieren möchte. Weiterhin wählt er aus, in welche Länder bzw. Regionen er den Artikel versenden will und wie hoch die Versandkosten sein werden. Die Möglichkeit für vorformulierte Zahlungshinweise, für die Einräumung eines freiwilligen Rückgaberechts (dies ersetzt nicht eventuelle Informationspflichten nach dem Fernabsatzrecht) sowie für den Ausschluss von bestimmten Bietern von der Auktion schließen diesen Einstellschritt ab.

Im letzten Schritt werden schließlich noch einmal alle gewählten Optionen auf einer Seite zur Überprüfung durch den Verkäufer dargestellt. Hier kann man durch Anklicken der jeweiligen Punkte noch Veränderungen vornehmen. Am Ende der Seite werden die entstehenden erfolgsunabhängigen Gebühren hervorgehoben angezeigt, welche der Verkäufer in jedem Fall zu tragen hat, sobald er die Einstellung des Artikels abschließt. Mit einem letzten Klick sendet der Verkäufer die Daten zu eBay, welches diese dann unmittelbar in seinen „Versteigerungskatalog" aufnimmt. Damit beginnt auch die gewählte Laufzeit der Auktion.

Der potentielle Käufer hat nun über verschiedene Wege die Möglichkeit, die eingestellte Auktion zu finden. In der Regel wird dies entweder direkt über die integrierte Suchfunktion von eBay oder aber durch das „Durchstöbern" der entsprechenden Kategorien geschehen. Der Bieter kann nun die Artikelbeschreibung des Verkäufers einschließlich aller vorher durch diesen eingegebenen Details einsehen. Wenn er den Artikel ersteigern möchte, gibt der Käufer in das entsprechende Feld den Betrag ein, zu welchem er den Artikel maximal kaufen will. Da eBay einen Bietagenten benutzt, wird als aktuelles Höchstgebot immer nur der Preis angegeben, welcher gerade nötig ist, um den Artikel zu erhalten. Durch den Bietagenten ist es nicht nötig, dass der Bieter die Auktion während der ganzen Zeit beobachtet und jeweils manuell um einen Bietschritt erhöht, falls ein zweiter Bieter hinzukommt. Dies geschieht vielmehr automatisch bis zum eingegebenen Höchstgebot.

Wenn die eingestellte Dauer der Auktion abgelaufen ist, endet die Auktion mit dem zu diesem Zeitpunkt gültigen Höchstgebot als Verkaufspreis. Der Verkäufer sowie der Höchstbieter und damit Käufer erhalten jeweils eine Email von eBay mit den Kontaktinformationen der anderen Partei, woraufhin diese die weitere Abwicklung untereinander klären.

Nach Abschluss der Transaktion zwischen Verkäufer und Käufer können und sollen beide Parteien jeweils noch die Transaktion bzw. den Transaktionspartner bewerten. Zur Auswahl steht hierfür eine Bewertungsreichweite von positiv, neutral und negativ, welche jeweils noch durch einen kurzen Text ergänzt werden.

Dieser typische Ablauf kann – jedenfalls nach den Regeln von eBay – in Ausnahmefällen auch geändert werden. So ist es möglich, dass der Verkäufer eine Auktion vorzeitig beendet, wenn er mit dem derzeitigen Höchstgebot bereits zufrieden ist und nicht mehr auf den Zeitablauf warten möchte. Ebenso ist eine vorzeitige Beendigung möglich, wenn sich der Artikel während der Laufzeit der Auktion erheblich verändert, zerstört wird oder aus ähnlichen Gründen nicht mehr verkauft werden kann. In diesem Fall kommt lt. eBay-Grundsätzen keine Transaktion zustande. Warum dies die Gerichte[3] bisher anders sehen, wird in Kapitel B. erläutert.

Nach dieser Darstellung des tatsächlichen Ablaufs wird nun im Folgenden auf die rechtlichen Grundlagen bzw. die rechtliche Wertung der jeweils getätigten Aktionen von Verkäufer und Käufer eingegangen.

---

3 KG, NJW 2005, 1053; OLG Oldenburg, NJW 2005, 2556; LG Coburg, MMR 2005, 330.

3. Vertragsschluss bei Internetauktionen

Die Art des Vertragsabschlusses bei Internetauktionen beschäftigt seit einigen Jahren sowohl Rechtsprechung als auch Literatur. Hauptschwerpunkte waren und sind vor allem die Fragen, wie verbindlich das Einstellen eines Artikels ist und ob es sich bei Internetauktionen um Versteigerungen im Rechtssinne und insbesondere im Sinne der Gewerbeordnung handelt.

3.1. Internetauktionen als Versteigerung i. S. d. GewO

Während sich verschiedene Gesetze auf den Begriff der Versteigerung beziehen[4], existiert bis heute keine Legaldefinition hierfür. Es muss insoweit auf in Literatur und Rechtsprechung entwickelte Definitionen ausgewichen werden. Allerdings besteht auch hier in Teilpunkten Uneinigkeit.

Grundsätzlich versteht man unter einer Versteigerung, und in diesem Punkt besteht Einigkeit, eine Veranstaltung, bei welcher eine Mehrzahl von Personen aufgefordert wird, eine Sache oder ein Recht zu erwerben. Dabei erhöht sich der Preis ausgehend von einem Mindestgebot im gegenseitigen Wettbewerb der Personen durch Überbieten so lange, bis keine Übergebote mehr abgegeben werden.

In einer Einschränkung dieses Begriffes verlangt ein Teil der Literatur eine örtliche und zeitliche Begrenzung der Veranstaltung. Insbesondere wird verlangt, dass die an der Versteigerung beteiligten Personen grundsätzlich vor Ort anwesend sein müssen.[5] Diese

---

4   So exemplarisch und hier insbesondere relevant § 156 BGB und § 34b GewO.
5   Bund-Länder-Ausschuss „Gewerberecht", GewArch 1997, 60 (63) und GewArch 2000, 49.

Einschränkung wird von anderen Autoren abgelehnt.[6] Auch in der Rechtsprechung herrscht insoweit Uneinigkeit.[7]

Die Folge der Abweichung in der Definition ist, dass der Teil der Literatur und Rechtsprechung, welcher die örtliche und zeitliche Einschränkung befürwortet, in den Internetauktionen auch keine Versteigerungen sieht. Die Gegner der Einschränkung kommen meist zum entgegengesetzten Ergebnis.

3.1.1. Preisbildung

Das Merkmal, welches die Versteigerung von sonstigen Vertragsschlussformen am deutlichsten abhebt, ist die Art der Preisbildung. Der Versteigerungsartikel wird mit einem Mindestgebot ausgeschrieben, woraufhin eine Mehrzahl von Personen durch die öffentliche Abgabe von Geboten ihr Interesse an einem Vertragsschluss ausdrücken. Dabei überbieten sich die Kaufinteressenten gegenseitig, so dass sich der Kaufpreis immer weiter erhöht. Sobald keine weiteren Gebote mehr abgegeben werden, ist die Preisbildung abgeschlossen.

Bei einer „realen" Versteigerung ruft der Auktionator den Höchstpreis dreimal aus. Wenn sodann kein höheres Gebot mehr abgegeben wird, wird grundsätzlich der Zuschlag erteilt. Allerdings hat der Auktionator die Möglichkeit, den Zuschlag zu verweigern, wenn ihm der erzielte Preis zu niedrig erscheint.

Bei einer Internetauktion erfolgt die Preisbildung ähnlich. Ein Artikel wird mit einem Mindestpreis eingestellt, woraufhin die Interessenten die Möglichkeit haben, Gebote abzugeben. Das aktuelle Höchstgebot wird jeweils auf der Angebotsseite dargestellt, so

---

6   *Hösch*-Leible/Sosnitza, Rn. 64, 65; *Ernst*-Spindler/Wiebe, Kap. 2 Rn. 8.
7   Für örtliche Begrenzung u. a. LG Wiesbaden, NJW-CoR 2000, 171 (172), KG, NJW 2001, 3272 (3273); dagegen: LG Hamburg, MMR 1999, 678.

dass jeder Interessent hierüber informiert ist. Die Preisbildung wird bei Internetauktionen allerdings i. d. R. nicht durch dreimaligen Ausruf, sondern durch Ablauf der vorher eingestellten Auktionslaufzeit abgeschlossen. Dadurch kann es dazu kommen, dass die Internetauktion beendet ist, obwohl ein Interessent bereit ist, einen höheren Preis zu zahlen. Einige Betreiber haben diesen Missstand erkannt und ihre AGB entsprechend gestaltet, dass ein Ausbieten doch möglich ist. So ist z. B. bei den Auktionen von Atrada[8] geregelt, dass bei einem Gebot innerhalb der letzten zwei Minuten vor Ablauf der Auktionslaufzeit sich diese um zwei Minuten verlängert.[9] Dies geschieht so lange, bis innerhalb der folgenden zwei Minuten kein Übergebot mehr eingeht. Leider existiert eine solche Klausel bei eBay bisher noch nicht.

Trotz dieses Unterschieds erfolgt die Preisbildung nach den aufgestellten Definitionen für Versteigerungen, in diesem Punkt ist also von einer Internetauktion als Versteigerung im Sinne des Gesetzes auszugehen.[10]

3.1.2. Örtliche Einschränkung des Versteigerungsbegriffs

Wie dargestellt verwenden einige Autoren sowie auch der *Bund-Länder-Ausschuss „Gewerberecht"* für die Definition der Versteigerung die Einschränkung, dass die Veranstaltung örtlich begrenzt sein muss und die Teilnehmer der Versteigerung grundsätzlich vor Ort anwesend sein müssen.[11] Ohne weitere Begründung kommt der Bund-Länder-Ausschuss so schon aufgrund fehlender

---

[8]   www.atrada.de.
[9]   II.3.a.   AGB-atrada.de,   http://www.atrada.de/customer/customer conditionsprint.aspj (zuletzt abgerufen: 02.08.2006)
[10] Hoeren, S. 207.
[11] Bund-Länder-Ausschuss „Gewerberecht", GewArch 1997, 60 (63).

örtlicher Begrenzung zu keiner Anwendung des Versteigerungs-
begriffs.[12]

Insofern ist bereits fraglich, ob eine örtliche Begrenztheit und die
körperliche Anwesenheit vor Ort tatsächlich wesentliches Merkmal einer Versteigerung ist. Zuzustimmen ist dieser Meinung insoweit, als eine „klassische" Versteigerung tatsächlich ohne Anwesenheit der Bieter nur schwerlich vorstellbar ist. Andererseits ist sie
theoretisch doch möglich, da das Abgeben von Geboten durch
den Auktionator für einen abwesenden Bieter nach vorhergehenden schriftlichen Anweisungen möglich ist.[13]

Laut einer grundlegenden Entscheidung des *LG Hamburg* hat
die örtliche Einschränkung lediglich eine funktionale Bedeutung
insoweit, dass es dem Bieter jederzeit möglich sein muss zu erkennen, ob sein Gebot derzeit Höchstgebot oder bereits erloschen ist bzw. ob er den Zuschlag erhalten hat.[14] Diese Voraussetzung ist aber bei den Internetauktionen erfüllt, da der aktuelle
Stand jederzeit auf der Angebotsseite abgefragt werden kann.[15]
Es kann daher nicht auf eine örtliche Einschränkung ankommen.

Selbst wenn man entgegen diesen Ausführungen weiterhin dem
engen Begriffsverständnis des *Bund-Länder-Ausschusses „Gewerberecht"* folgen will, kann man auch bei Internetauktionen
davon sprechen, dass diese örtlich begrenzt stattfinden. Die Begrenzung ergibt sich aus der Anzahl der angeschlossenen Computer, welche den sog. „virtuellen Raum" bilden, in welchem die
Internetversteigerungen stattfinden.[16] Ohne im Internet bzw.
World Wide Web zu sein, kann man an einer Internetversteige-

---

12   Bund-Länder-Ausschuss „Gewerberecht", GewArch 1997, 60 (63).
13   BGH, NJW 1983, 1186 (1187).
14   LG Hamburg, MMR 1999, 678 (679).
15   Schulze, S. 113.
16   *Ernst*-Spindler/Wiebe, Kap. 2 Rn. 9.

rung nicht teilnehmen. Die Benutzer begeben sich also unmittelbar in diesen „virtuellen Raum". Insofern kann man auch von der grundsätzlichen Anwesenheit der Teilnehmer der Internetauktion ausgehen. Die Definition verlangt insbesondere nicht, dass sämtliche Teilnehmer die gesamte Zeit anwesend sind. Dies ist auch bei „klassischen" Versteigerungen nicht zu erwarten.

Nicht zuzustimmen ist in diesem Zusammenhang der Meinung, dass eine Versteigerung die physische Anwesenheit des Bieters erfordert.[17] Die Vertreter dieser Auffassung gehen offensichtlich davon aus, dass bei nicht vorhandener physischer Präsenz der typische Bietwettbewerb nicht stattfinden kann. Dies ist allerdings abwegig, wie jeder Teilnehmer an einer Internetauktion sicherlich bestätigen kann. Es ist auch nicht ersichtlich, auf welcher Grundlage die Anforderung an eine physische Präsenz beruhen soll.

3.1.3. Zeitliche Einschränkung des Versteigerungsbegriffes

Im Hinblick auf die zeitliche Beschränkung ist der Ansicht des Bund-Länder-Ausschusses „Gewerberecht" zuzustimmen, dass eine Versteigerung eine zeitliche Begrenzung benötigt. Dem Teilnehmer muss es möglich sein, die Zeitdauer einer Versteigerung abschätzen zu können, insbesondere den Anfangs- und Endzeitpunkt.

Allerdings ist auch hier die Einschränkung, welche dieser seinem Beschluss zugrunde legt, zu eng gefasst und orientiert sich ausschließlich an dem Bild der „klassischen" Auktion. Diese findet in der Regel innerhalb eines Tages statt, in dessen Verlauf eine Vielzahl von Artikeln versteigert wird. Im Gegensatz dazu dauert eine Internetauktion in der Regel sieben Tage, u. U. kann sie auch für einen kürzeren oder längeren Zeitraum angelegt sein. Der Bund-

---

[17] Leible/Wildemann, K & R 2005, 26 (27).

Länder-Ausschuss „Gewerberecht" geht dabei in seinem Beschluss davon aus, dass die lange Auktionsdauer eine Aktion und Reaktion der Bieter verhindern würde.[18] Dies entspricht allerdings nicht der Realität. Es ist lediglich keine „unmittelbare" Reaktion möglich. Doch eine solche unmittelbare Reaktion ist auch nicht notwendig, um das Wesen der Versteigerung, das Steigen des Preises durch die Abgabe von Geboten, zu erreichen. Durch die jederzeitige Möglichkeit, das aktuelle Höchstgebot sowie den exakten Endzeitpunkt der Internetauktion auf der entsprechenden Auktionsseite abzufragen, kann jeder Interessent zu dem Zeitpunkt sein Gebot abgeben, zu dem es ihm am günstigsten erscheint. Im Gegensatz zu einer „klassischen" Auktion kann sich ein Interessent noch viel besser auf das Ende einer Internetauktion einstellen, da der Endzeitpunkt genau bekannt ist.[19]

Eine völlig andere Sicht auf die zeitliche Einschränkung hat das *LG Wiesbaden* in seiner „Extralot.com"-Entscheidung.[20] Gerade weil die Auktionsdauer zeitlich beschränkt sei, handele es sich um keine Auktion, da der „Meistbietende nur zufällig durch den Zeitablauf zu ermitteln" sei und nicht sichergestellt werde, dass tatsächlich der höchstmögliche Preis erzielt werden könne.[21] Grundsätzlich ist es zwar richtig, dass es bei Internetauktionen keine Garantie auf den höchstmöglichen Preis gibt. Doch diese Garantie auf den höchsten Preis ist auch kein Merkmal einer Versteigerung. Wie bereits dargestellt, geht es vor allem um die Möglichkeit des Überbietens. Selbst bei einer „realen" Versteigerung ist es theoretisch denkbar, dass nicht der höchstmögliche Preis erzielt wird, z. B. wenn der Bieter sein Gebot abgibt, nach-

---

[18] Bund-Länder-Ausschuss „Gewerberecht", GewArch 1997, 60 (63).
[19] Schulze, S. 114.
[20] LG Wiesbaden, NJW-CoR 2000, 171.
[21] LG Wiesbaden, NJW-CoR 2000, 171 (172).

dem der Zuschlag bereits erteilt wurde. Insoweit ist auch die zeitliche Einschränkung, wie sie das *LG Wiesbaden* versteht, kein Grund, eine Internetauktion nicht als Versteigerung i. S. d. Gewerberechts zu sehen.

3.1.4. Ergebnis

Im Ergebnis ist festzustellen, dass Internetauktionen die Voraussetzung sowohl der engen als auch der weiten Definition der Versteigerung erfüllen. Daher handelt es sich bei Internetauktionen folglich um Versteigerungen im Sinne der GewO.

Die Rechtsfolge für die Betreiber der Internetauktionen ist die Anwendbarkeit von § 34b GewO. Dies heißt nicht nur, dass der Versteigerer eine behördliche Erlaubnis benötigt (§ 34b Abs. 1 S. 1 GewO)[22], welche allerdings nur bei Unzuverlässigkeit des Betreibers versagt werden kann (§ 34b Abs. 4 GewO). Auch die Versteigerung von Neuwaren ist grundsätzlich verboten (§ 34b Abs. 6 Nr. 5 b) GewO) und die umfangreichen – und für Internetauktionen kaum durchführbaren – Vorschriften der Versteigerungsverordnung[23] müssen eingehalten werden.

Allerdings haben Verstöße gegen die GewO oder VerstV keine Nichtigkeit der über die Internetauktionen geschlossenen Verträge zur Folge.[24] Ebenso führt eine (falsche) Mitteilung der zuständigen Ordnungsbehörde, dass eine Erlaubnis nicht notwendig ist, dazu, dass der Betreiber der Internetauktion ohne Erlaubnis nicht

---

[22] A. A. Goldmann, S. 29, der den Plattformbetreiber nicht als Veranstalter i. S. d. GewO ansieht.

[23] Exemplarisch: Versteigerungsverzeichnis zwei Wochen vor Auktionsbeginn (§ 2 Abs. 1 S. 1 VerstV), Gelegenheit zur Besichtigung vor der Versteigerung (§ 4 S. 1 VerstV), Anzeige <u>jeder</u> Versteigerung zwei Wochen vor Termin bei den Ordnungsbehörden (§ 3 Abs. 1 S. 1 VerstV).

[24] BGH, NJW 1981, 1204 (1205); *Ernst*-Spindler/Wiebe, Kap. 2 Rn. 28.

wettbewerbswidrig handelt.[25] Auf eine ausführliche gewerbe-
rechtliche Betrachtung der Folgen der Bewertung als Versteigerung muss an dieser Stelle aus Platzgründen verzichtet werden.
Ich verweise insoweit auf die ausführlichen Ausführungen in
Spindler/Wiebe.[26]

3.2. Internetauktionen als Versteigerung privatrechtlichen Sinne und Vertragsschluss gem. § 156 BGB

Nachdem nunmehr festgestellt wurde, dass es sich bei Internetauktionen um Versteigerungen im gewerberechtlichen Sinne
handelt, ist zu fragen, inwiefern diese Bewertung auch auf das
bürgerliche Recht und damit den Vertragsschluss übergreift. In
diesem Zusammenhang ist insbesondere auf die Bedeutung der
AGB der Betreiber der Internetauktionen einzugehen. Während
in diesen selbstverständlich die Vorschriften des öffentlichen
Rechts nicht abbedungen werden können, gilt für die privat-
rechtlichen Beziehungen anderes.

3.2.1. Grundsatz

Grundsätzlich, d. h. ohne Einbeziehung eines weiteren vertraglichen Regelwerkes, ist die Einschätzung hinsichtlich der gewerberechtlichen Zuordnung von Internetauktionen auch privatrecht-
lich für den Versteigerungsbegriff des § 156 BGB zu übernehmen.
Dies schließt insbesondere die genutzten Definitionen ein. Dabei
ist zu beachten, dass es sich bei § 156 BGB um keine Norm handelt, die den Begriff der Versteigerung definiert. Vielmehr wurde
hierdurch lediglich ein bestehendes Auslegungsproblem aufge-

---

[25] LG Hamburg, MMR 1999, 678.
[26] *Ernst*-Spindler/Wiebe, Kap. 2 Rn. 20 ff. m. w. N.

löst, in welcher Willenserklärung das Angebot bzw. die Annahme des Vertrages zu sehen ist.

§ 156 S. 1 BGB besagt insoweit, dass der Vertrag bei Versteigerungen erst durch „Zuschlag" zustande kommt. Dieser stellt folglich die Annahmeerklärung dar, durch welche der Vertrag geschlossen wird. Keinesfalls ist aus dem § 156 BGB zu entnehmen, dass ein Vertrag, welcher nicht durch einen Zuschlag abgeschlossen wurde, keine Versteigerung darstellt.

3.2.2. Zuschlag bei Internetauktionen

Der Begriff des Zuschlags wird weder im BGB noch in der VerstV definiert, so dass erneut auf in Literatur und Rechtsprechung entwickelte Definitionen zurückgegriffen werden muss.

Danach handelt es sich beim Zuschlag um eine Willenserklärung des Versteigerers (Auktionators), welche i. d. R. nicht empfangsbedürftig ist und die Annahmeerklärung auf das Höchstgebot darstellt. Für den Zuschlag gelten insoweit die Regeln der §§ 116 ff. BGB.[27]

Insoweit ist fraglich, ob es bei Internetauktionen in irgendeiner Form zu einem Zuschlag kommt, mit welchem das Höchstgebot angenommen wird.

Da es i. d. R. bei Internetauktionen keinen Versteigerer i. S. d. klassischen Auktionators gibt, könnte ein Zuschlag lediglich technisch und automatisiert erfolgen.

---

[27]   Kramer-MüKo, § 156 Rn. 3; Heinrichs-Palandt, § 156 Rn. 1; wohl auch Wolf-Soergel, § 156 Rn. 4, der allerdings auf eine Definition des Begriffs verzichtet. Für die Geltung der Regeln von Willenserklärungen auf den Zuschlag auch BGH, NJW 1998, 2350.

3.2.2.1. Zuschlag durch Zeitablauf

Einen automatischen Zuschlag durch Zeitablauf hat der *BGH* mit der Begründung abgelehnt, dass der bloße Zeitablauf keine Willenserklärung sei und diese auch nicht ersetzen könnte.[28] Zuzustimmen ist dem *BGH*, dass es sich bei dem Zeitablauf selbst um keine Willenserklärung handelt. Denn bei einer Willenserklärung handelt es sich um die – ausdrückliche oder konkludente – „Äußerung eines auf die Herbeiführung einer Rechtswirkung gerichteten Willens".[29] Allein der Zeitablauf ist keine Äußerung. Insoweit kann der Zeitablauf in sich selbst keinen Zuschlag darstellen.[30]

3.2.2.2. Zuschlag durch Bestätigungs-E-Mail

Da der Zeitablauf allein keine Willenserklärung darstellt, ist zu hinterfragen, ob durch die Mitteilung der Plattform an den Höchstbieter, welche dieser in der Regel innerhalb weniger Minuten per E-Mail erhält, ein Zuschlag i. S. d. § 156 S. 1 BGB erteilt wird. Denn „auch elektronische und andere automatisierte Erklärungen sind echte Willenserklärungen", welche sich der Betreiber der EDV-Anlage, in diesem Fall also der Internetauktionsplattform, zurechnen lassen muss.[31] Um eine solche automatisierte Äußerung handelt es sich bei den E-Mails, da sie ohne unmittelbare Einflussnahme des Plattformbetreibers versandt werden. Mittelbar sind sie allerdings durch diesen beeinflusst, da er die entsprechenden Algorithmen bzw. Programme, aufgrund welcher die E-Mails ver-

---

[28] BGH, NJW 2005, 53 (54).
[29] *Heinrichs*-Palandt, Einf. v. § 116 Rn. 1.
[30] Anders: AG Bad Hersfeld, MMR 2004, 500, welches den Zeitablauf jedenfalls einem Zuschlag gleichstellen möchte.
[31] *Heinrichs*-Palandt, Einf. v. § 116 Rn. 1; So wohl auch *Kramer*-MüKo, Vor § 116 Rn. 22; Ernst, NJW-CoR 1997, 165; *Holzbach/Süßenberger-Moritz/Dreier*, Kap. C Rn. 89. Mit der Erweiterung auch auf Computererklärungen: Krüger/Bütter, WM 2001, 221 (223).

sandt werden, installiert hat. Fraglich ist allerdings, ob sie einen auf die Herbeiführung einer Rechtswirkung gerichteten Willen, also die Erteilung des Zuschlags an den Höchstbietenden, enthalten.

Dagegen könnte sprechen, dass der Versteigerer nicht zur Erteilung des Zuschlags an den Höchstbietenden verpflichtet ist. Im Gegenteil muss er auch die Interessen des Einlieferers beachten und z. B. bei einem zu niedrigen Höchstpreis den Zuschlag verweigern.[32] Dies ist bei einer automatisierten Erklärung nicht möglich. Andererseits ist hierin lediglich ein Recht des Versteigerers und nicht ein wesentliches Merkmal des Zuschlags selbst zu sehen. Dies gilt insbesondere auch deshalb, da das Recht zur Verweigerung des Zuschlags in den Auktionsbedingungen ausgeschlossen werden kann. Daher kann eine automatisierte E-Mail einen Zuschlag darstellen.

Weiterhin ist der Inhalt eine Willenserklärung grundsätzlich am Empfängerhorizont zu bewerten. Empfänger der Erklärung ist in diesem Fall der Höchstbieter. Wenn der Höchstbieter nach Beendigung der Auktion eine Mitteilung der Auktionsplattform erhält, nach welcher er den entsprechenden Artikel gekauft hat, ist in dieser Mitteilung – ohne das Hinzutreten weiterer Umstände – ein Zuschlag zu erkennen.[33]

3.2.2.3. Einfluss der AGB des Plattformbetreibers

In der Regel treten allerdings weitere Umstände in Form der AGB der Auktionsplattform hinzu. Diese AGB müssen von den Nutzern akzeptiert werden, damit sie an den Internetauktionen überhaupt teilnehmen können. Der Inhalt der AGB, von denen der

---

[32] v. Hoyningen-Huene, NJW 1973, 1473 (1477).
[33] Borges, DB 2005, 319 (324, Fn. 64); Anders: Schulze, S. 21.

Höchstbieter Kenntnis hat oder zumindest Kenntnis haben muss, bestimmt insoweit dessen Empfängerhorizont und kann zu einer anderen Wertung der Erklärung des Plattformbetreibers führen.

Um den konkreten Fall der Internetauktionen bei eBay zu betrachten, müssen daher zunächst die AGB genauer betrachtet werden. Relevant ist hier insbesondere § 9 der AGB, der im Folgenden in seinen wesentlichen Punkten zitiert wird.

§ 9 Vertragsschluss

1.   Indem ein Mitglied als Anbieter zwecks Durchführung einer Online-Auktion einen Artikel auf die eBay-Website einstellt, gibt es ein verbindliches Angebot zum Vertragsschluss über diesen Artikel ab. Dabei bestimmt der Anbieter eine Frist, binnen derer das Angebot durch ein Gebot angenommen werden kann (Laufzeit der Online-Auktion). Das Angebot richtet sich an den Bieter, der während der Laufzeit der Online-Auktion das höchste Gebot abgibt und etwaige zusätzlich festgelegte Bedingungen im Angebot (z.B. bestimmte Bewertungskriterien) erfüllt.

2.   Der Bieter nimmt das Angebot durch Abgabe eines Gebots an. Das Gebot erlischt, wenn ein anderer Bieter während der Laufzeit der Online-Auktion ein höheres Gebot abgibt. [...] eBay gibt selbst keine Gebote ab und nimmt keine Gebote der Mitglieder entgegen.

3.   Mit dem Ende der von dem Anbieter bestimmten Laufzeit der Online-Auktion oder im Falle der vorzeitigen Beendigung durch den Anbieter kommt zwischen dem Anbieter und dem das höchste Gebot abgebenden Bieter ein Vertrag über den Erwerb des von dem Anbieter in die eBay-Website eingestellten Artikels zustande.

(...)

Es ist im Hinblick auf die AGB als erstes auffällig, dass ein Vertragsschluss nach § 156 BGB nicht ausdrücklich ausgeschlossen ist. Auf der anderen Seite erfolgt dieser Ausschluss allerdings indirekt, indem in § 9 Nr. 1 S. 1 AGB festgelegt wird, dass das Einstellen eines Artikels ein verbindliches Angebot zum Vertragsschluss darstellt. Demgegenüber stellt das Anbieten eines Artikels nach § 156 BGB lediglich ein invitatio ad offerendum dar.[34]

Aus diesen AGB ergibt sich weiterhin, dass seitens eBay kein Wille besteht, durch die Mitteilung an den Höchstbietenden einen Zuschlag zu erteilen. Die E-Mail soll insofern nur eine Information darstellen, keine eigene Willenserklärung. Davon muss auch der Empfänger ausgehen, welcher die AGB von eBay kennt bzw. kennen muss. Schließlich hat er bei der Registrierung bestätigt, diese gelesen zu haben.

Im Ergebnis bleibt festzuhalten, dass grundsätzlich in der Bestätigungs-E-Mail ein Zuschlag nach § 156 S. 1 BGB zu sehen ist. Bei entsprechender Gestaltung der AGB des Anbieters, wie hier bei eBay, stellt sie allerdings lediglich eine Information ohne eigenen Erklärungsgehalt dar. Die AGB der verschiedenen Anbieter von Internet-Auktionen sind in diesem Punkt alle ähnlich[35], so dass – soweit ersichtlich – bei keiner der derzeitigen Auktionsplattformen in Deutschland ein Zuschlag erteilt wird. Hieraus folgt, dass bei keiner dieser Internet-Auktionen der Vertragsschluss durch Zuschlag im Sinne von § 156 BGB handelt.

---

[34] *Heinrichs*-Palandt, § 156 Rn. 1; *Kramer*-MüKo, § 156 Rn. 3.
[35] Vgl. auch II.1.b. AGB-atrada.de (gültig seit 16.06.2004), abrufbar unter: http://www.atrada.de/customer/ customerconditionsprint.aspj (zuletzt abgerufen am 02.08.2006); § 10 Abs. 3 AGB-hood.de, abrufbar unter: http://www.hood.de/nutzungsbedingungen.cfm (zuletzt abgerufen am 31.07.2006).

3.3. Invitatio ad offerendum, Angebot und Annahme, Bedingtheit

Nachdem nunmehr geklärt ist, dass der Vertragsschluss bei Internet-Auktionen aufgrund der üblichen Ausgestaltung der AGB nicht i. S. d. § 156 BGB stattfindet, ist zu fragen, wie der Vertrag sonst zustande kommt. Dabei wird zunächst auf den Inhalt der Willenserklärung, anschließend auf die Problematik der Abgabe und des Zugangs eingegangen.

3.3.1. Inhalt der Willenserklärung

3.3.1.1. Invitatio ad offerendum

Auch hier ist zuerst der abstrakte Ansatz zu untersuchen. Danach ist ein Artikelangebot im Internet genauso wie in einem Ladengeschäft in der Regel lediglich die Einladung zur Abgabe von Angeboten („invitatio ad offerendum").[36] Dies folgt insbesondere auch daraus, dass ein Verkäufer, sollte es sich um ein verbindliches Angebot handeln, mit einer Vielzahl von Vertragsannahmen konfrontiert sein könnte, die er im Zweifel aufgrund der hohen Menge nicht erfüllen könnte. Diese Gefahr ist im Internet noch stärker als z. B. in einem Ladengeschäft. Zudem würde bei einem verbindlichen Angebot dem Verkäufer keine Möglichkeit mehr verbleiben, ein Geschäft mit einem von ihm nicht gewünschten Käufer abzulehnen.

Gegen diese Ansicht spricht, dass bei Internetauktionen i. d. R. immer nur ein ganz bestimmter Artikel verkauft werden soll, folglich auch nur ein Vertrag abgeschlossen wird. Die Gefahr einer Vielzahl von Vertragsannahmen besteht in diesem konkreten Fall

---

[36] Schulze, S. 23; *Wiebe*-Spindler/Wiebe, Kap. 4 Rn. 28; Burgard, WM 2001, 2102 (2104); Ernst, CR 2000, 304 (308).

also gerade nicht.[37] Auf der anderen Seite würde der Verkäufer bei Vorliegen eines bindenden Angebots Gefahr laufen, den Artikel weit unter Wert zu veräußern, wenn sich das Bieterduell nicht wie erwartet entwickelt. Diese Gefahr ist zwar dem Modell einer Versteigerung immanent – andererseits könnte bei entsprechender Entwicklung sogar ein Preis weit über dem üblichen Marktpreis erreicht werden. Doch gerade wegen dieser Gefahr ist bei einer „realen" Auktion die Einlieferung lediglich als invitatio ad offerendum anzusehen. Es besteht keine Veranlassung, bei Internetauktionen etwas anderes anzunehmen. Weiterhin könnte der Verkäufer schließlich, ohne es wirksam verhindern zu können, an einen möglicherweise insolventen oder sonstwie unzuverlässigen Käufer geraten, mit dem er keinesfalls kontrahieren möchte. Auch dies spricht gegen einen vorzeitigen Bindungswillen des Verkäufers.[38]

Grundsätzlich ist also auch in dem Einstellen eines Artikels bei einer Internetauktion lediglich ein invitatio ad offerendum zu sehen, was im Übrigen auch den Erwartungen und dem typischen Leitbild einer Versteigerung entsprechen würde.[39]

Allerdings genügt für eine praktische Betrachtung auch hier der abstrakte Ansatz nicht. Vielmehr müssen erneut die konkreten Erwartungen der Marktteilnehmer anhand der weiteren Rahmenbedingungen, insbesondere der AGB des Plattformbetreibers, untersucht werden, wofür das Beispiel eBay herangezogen wird.

---

[37] Schulze, S. 23.
[38] Schulze, S. 23; Lettl, JuS 2002, 219 (221); *Wiebe*-Spindler/Wiebe, Kap. 4 Rn. 29.
[39] Siehe auch Kap. 3.2.

Wesentlich für diese Betrachtung ist auch hier § 9 der eBay-AGB, welcher bereits oben[40] zitiert wurde. Dieser bestimmt in Nr. 1, dass das Einstellen eines Artikels ein verbindliches Angebot des Verkäufers darstellt. Wie dargestellt wirken die AGB auf den Empfängerhorizont ein, der folglich die Willenserklärung des einstellenden Verkäufers als verbindliches Angebot verstehen kann und muss. Daher scheidet bei Vorhandensein der üblichen AGB im Grundsatz eine invitatio ad offerendum aus.

Vielfach wird zur Klärung dieser Frage auf das Urteil des *BGH* in Sachen ricardo.de verwiesen.[41] Dieses ist allerdings heute nicht mehr ohne weiteres anwendbar. Der Verkäufer gab nämlich in dem zu entscheidenden Fall eine ausdrückliche – wenn auch vorformulierte – Erklärung ab, dass er bereits mit Einstellung des Angebotes die Annahme des höchsten, wirksam abgegebenen Kaufangebots annahm. Aufgrund dieser eindeutigen Willenserklärung war es für den *BGH* folglich nicht mehr nötig, deren Inhalt mit Hilfe der AGB auszulegen.[42] Diese Fallkonstellation, insbesondere die ausdrückliche Erklärung des Verkäufers, ist heute nicht mehr üblich[43], weswegen auf das angesprochene Urteil im Hinblick auf die Verbindlichkeit der Angebote nur eingeschränkt zurückgegriffen werden kann. Folglich kann die Verbindlichkeit und auch der Ablauf einer Internetauktion nicht ausschließlich mit diesem höchstrichterlichen Urteil begründet werden.[44]

---

40 Siehe Kap. 3.2.2.2.
41 BGH, NJW 2002, 363.
42 BGH, NJW 2002, 363 (364).
43 Siehe auch Kap. 2.
44 So auch *Hoffmann*-Leible/Sosnitza, Rn. 132. Dieses Detail übersehen im Rahmen ihrer Urteilsbegründung offensichtlich viele Gerichte; exemplarisch OLG Oldenburg, NJW 2005, 2556 und KG, NJW 2005, 1053 (1054).

3.3.1.2. Angebot ad incertam personam oder antizipierte Annahme

Handelt es sich nicht lediglich um ein invitatio ad offerendum, muss hinterfragt werden, ob es sich beim Einstellen eines Artikels um ein Angebot oder eine vorweggenommene Annahme handelt. Der *BGH* hat in der ricardo.de-Entscheidung[45] diese Frage kurz angerissen. Während die AGB von ricardo.de die ausdrückliche Erklärung vorsahen, dass der Verkäufer bereits mit Einstellung des Artikels das höchste wirksam abgegebene Angebot annahm, hatte das *OLG Hamm* als Berufungsgericht angenommen, dass es sich beim Einstellen des Artikels tatsächlich um ein Vertragsangebot des Verkäufers handelt.[46] Der *BGH* nahm beide Meinungen zur Kenntnis, entschied sich aber dafür, dass es aufgrund identischer Rechtsfolge auf diese Detailfrage nicht ankommt.[47]

Dem Sprachgebrauch und den Erwartungen der Marktteilnehmer entspricht es, das Einstellen des Artikels als Angebot zu betrachten.[48] Problematisch ist insoweit allerdings, dass das Angebot in zwei wesentlichen Punkten nicht bestimmt ist, in der Person des Vertragspartners sowie dem Kaufpreis. Insbesondere in der fehlenden Bestimmtheit des Kaufpreises sieht ein Teil der Literatur Gründe für eine vorweggenommene Annahme durch den Verkäufer.[49] Allerdings sind die noch unbestimmten Punkte des Angebots bestimmbar, indem von vornherein festgelegt wird, dass der bei Zeitablauf Höchstbietende Vertragspartner wird und das

---

45 BGH, NJW 2002, 363.
46 OLG Hamm, NJW 2001, 1142 (1143).
47 BGH, NJW 2002, 363 (364).
48 So auch OLG Hamm, NJW 2001, 1142 (1143).
49 *Hoffmann*-Leible/Sosnitza, Rn. 152; Ulrici, JuS 2000, 947 (948).

höchste Gebot den Kaufpreis darstellt. Diese Bestimmbarkeit ist ausreichend für eine Qualifizierung als Angebot.[50]

Insbesondere spricht für die Betrachtung des Einstellens des Artikels als Angebot auch § 148 BGB. Die Annahme des Angebots soll innerhalb der Annahmefrist, also der Laufzeit der Auktion erfolgen. Gem. § 148 BGB bestimmt der Antragende diese Annahmefrist. Die Laufzeit der Auktion und damit die Annahmefrist wird durch den Verkäufer bei Einstellung des Artikels festgelegt, er ist folglich auch der Antragende.

Im Endeffekt ist dieser Streit allerdings lediglich akademischer Natur, da er zum einen – wie vom *BGH* richtig festgestellt – keinen Einfluss auf die Rechtsfolgen des Vertragsschlusses hat, zum anderen in den AGB regelmäßig die Kategorisierung bereits vorgenommen wurde. In den AGB von eBay wird das Einstellen des Artikels als Angebot, das Gebot als Annahme bestimmt, wobei das Gebot bei Abgabe eines Übergebotes erlischt.[51] Dies entspricht der oben dargestellten vorzugswürdigen Ansicht.

3.3.1.3. Aufschiebende oder Auflösende Bedingtheit

Während der Laufzeit der Auktion steht das Rechtsgeschäft unter der Bedingung, dass bis zum Ende der Auktion kein höheres Gebot mehr abgegeben wird. Fraglich ist an dieser Stelle, ob es sich um eine auflösende oder aufschiebende Bedingung handelt. Bei einer auflösenden Bedingung wäre der Vertrag bis zum nächst höheren Gebot bereits wirksam (schwebende Wirksamkeit, § 158 Abs. 2 BGB), bei einer aufschiebende Bedingung würde die Wirksamkeit erst bei Ende Auktion eintreten (schwebende Unwirksamkeit, § 158 Abs. 1 BGB).

---

[50] OLG Hamm, NJW 2001, 1142 (1143).
[51] Vgl. § 9 Nr. 1 AGB-eBay.de.

Die Rechtsprechung hat in einigen Urteilen festgehalten, dass sie von auflösend bedingten Verträgen ausgeht, ohne dies allerdings näher zu begründen.[52] Das *KG* verweist insoweit lediglich auf § 9 Abs. 2 S. 2 der eBay-AGB. Diese bieten allerdings keinen Anhaltspunkt, um welche Bedingungsart es sich handelt, sondern legt lediglich fest, dass ein Gebot durch Übergebot erlischt. Daraus ist allerdings nicht automatisch zu folgern, dass der Vertrag bis zum Übergebot bereits wirksam sein soll.

Die Folge eines schwebend wirksamen Vertrages, also einer auflösenden Bedingung, ist, dass bereits zu diesem Zeitpunkt die Leistungen fällig sind. Dies ergibt sich aus § 271 Abs. 1 BGB. Eine Leistungszeit ist insbesondere nicht aus der Laufzeit der Auktion zu entnehmen.

Bei einer aufschiebenden Bedingung, also einer schwebenden Unwirksamkeit, ist eine Leistungspflicht erst mit Eintritt der Bedingung gegeben. Es besteht insoweit lediglich ein Anwartschaftsrecht, welches mit Bedingungseintritt zum Vollrecht erstarkt.[53]

Aus System und Ablauf der Internetauktionen ergibt sich meines Erachtens ohne weiteres, dass es sich um eine aufschiebende Bedingung handelt. Vor Ablauf der Internetauktion und damit der Gewissheit, ob die Bedingung eintritt oder nicht, sollen insbesondere keine Leistungen ausgetauscht werden.[54] Weiterhin spricht dafür, dass ein auflösend bedingtes Rechtsgeschäft häufig von der Erwartung getragen ist, dass die Bedingung wahrscheinlich nicht eintritt. Denn die Rechtsfolgen und Risiken der Übertragung der Vollrechte wird man nur dann eingehen wollen, wenn man von einer Wirksamkeit des Rechtsgeschäftes über-

---

52 So bspw. KG, NJW 2005, 1053.
53 *Heinrichs*-Palandt, § 158 Rn. 1.
54 Schulze, S. 25.

zeugt ist. Im Gegensatz dazu ist bei einer aufschiebenden Bedingung die Erwartung, dass die Bedingung eintritt, geringer. Daher wird lediglich ein Anwartschaftsrecht übertragen. Auch dies spricht bei Internetauktionen, bei denen die Höchstgebote in der Regel wenige Minuten vor Ablauf der Laufzeit der Auktion abgegeben werden, eher dafür, das Geschäft als schwebend unwirksam, anzusehen. Der Vertrag steht also unter der aufschiebenden Bedingung, dass bis zum Ende der Laufzeit der Auktion kein höheres Gebot abgegeben wird.[55]

3.3.2. Abgabe der Willenserklärungen

Die Abgabe der Willenserklärung ist relativ unproblematisch, da inzwischen anerkannt ist, dass auch mit Hilfe von EDV-Anlagen abgegebene Erklärungen wirksam sind.[56] Hierzu zählen auch das Einstellen der Artikel sowie das Abgeben der Gebote online. Warum in der Literatur zum Teil noch heute davon ausgegangen wird, dass die Gebote „per E-Mail" abgeben werden[57], ist nicht ersichtlich. Denn die E-Mail als Mittel der Erklärung ist, wenn sie es bei Internetauktionen überhaupt einmal war, heute nicht mehr gebräuchlich. Vielmehr wird die Willenserklärung unmittelbar über das Internet durch das Anklicken der entsprechenden Schaltflächen, was die Abgabe der Willenserklärung darstellt, übermittelt.[58]

3.3.3. Zugang der Willenserklärung

Schwieriger stellt sich die Frage nach dem Zugang der Willenserklärungen dar. Grundsätzlich sind auch bei online abgegebenen Erklärungen die allgemeinen Regeln des Zugangs unter Abwe-

---

[55] AG Menden, MMR 2004, 502; Trinks, MMR 2004, 500 (501).
[56] Kramer-MüKo, Vor § 116 Rn. 22; Heinrichs-Palandt, Einf v § 116 Rn. 1.
[57] So bspw. Ernst-Spindler/Wiebe, Kap. 1 Rn. 11.

senden gem. § 130 BGB zu beachten. Dies betrifft hier insbesondere den Zugang zur Unzeit.

Eine verkörperte Willenserklärung geht unter Abwesenden zu, wenn sie in den Einflussbereich des Empfängers gelangt und dieser unter normalen Möglichkeiten von dieser Kenntnis nehmen kann. Der Zugang erfolgt allerdings erst zu dem Zeitpunkt, zu welchem allgemein eine Kenntnisnahme zu erwarten ist.[59] So geht eine E-Mail – ähnlich einem Brief – erst am nächsten Tag zu, wenn sie spät abends bzw. nachts versandt wurde.[60] Dies gilt nicht, wenn der Empfänger tatsächlich Kenntnis von der Erklärung genommen hat. In diesem Fall geht sie entsprechend mit Kenntnisnahme zu.[61] Eine nicht verkörperte Willenserklärung unter Abwesenden kann demgegenüber nur dann zugehen, wenn der Empfänger sie tatsächlich wahrnimmt.[62]

Es muss also zuerst geklärt werden, ob es sich bei den Willenserklärungen bei Internetauktionen jeweils um verkörperte oder nicht verkörperte Erklärungen handelt. Wie bereits oben erläutert, handelt es sich weder beim Angebot noch bei der Annahme um eine Willenserklärung per E-Mail, welche eindeutig eine verkörperte Willenserklärung darstellen würde.[63] Die Willenserklärung wird vom Absender auch nicht auf einem Datenträger gespeichert, was ebenfalls für eine verkörperte Willenserklärung sprechen würde.[64]

---

58   *Einsele*-MüKo, § 130 Rn. 13.
59   *Heinrichs*-Palandt, § 130 Rn. 5.
60   *Heinrichs*-Palandt, § 130 Rn. 7a.
61   *Heinrichs*-Palandt, § 130 Rn. 5.
62   *Einsele*-MüKo, § 130 Rn. 2.
63   Ernst, NJW-CoR 1997, 165 (166); Vehslage, DB 2000, 1801 (1804).
64   *Einsele*-MüKo, § 130 Rn. 2.

Eine Verkörperung würde allerdings auch dann vorliegen, wenn die Willenserklärung erst beim Empfänger als Datei gespeichert wird.[65] In diesem Moment wäre sie nicht mehr flüchtig, wie es für eine Einordnung als nicht verkörperte Willenserklärung, z. B. das gesprochene Wort oder konkludentes Verhalten, notwendig ist.[66] Sie könnte vielmehr jederzeit abgerufen werden.

3.3.3.1. Einstellen des Artikels

Das Einstellen des Artikels stellt unproblematisch eine verkörperte Willenserklärung dar, unabhängig davon, ob es sich dabei um ein Angebot oder eine antizipierte Annahme handelt. Sie wird beim Empfänger in einer Datei gespeichert, wenn dieser das Angebot auf der Auktionswebsite abruft. Selbst wenn diese Datei lediglich als temporäre Datei gespeichert wird, die i. d. R. innerhalb kurzer Zeit wieder gelöscht wird, verkörpert sich die Willenserklärung doch und es besteht die tatsächliche Möglichkeit, diese jederzeit (bis zur Löschung) abzurufen.[67]

3.3.3.2. Gebote

Deutlich schwieriger stellt sich dies beim Zugang der Gebote dar. Die Gebote gehen nach Abgabe, also dem Klick auf die entsprechende Schaltfläche, als in einer Datei gespeicherte Daten und somit als verkörperte Willenserklärung bei der Auktionsplattform ein. Diese ist als Unternehmen, welches ausdrücklich seine Dienste rund um die Uhr anbietet, auch verpflichtet, durchgängig Kenntnis von eingehenden Willenserklärungen zu nehmen. Darauf, dass dies i. d. R. automatisch durch die EDV-Anlage geschieht, kommt es nicht an.

---

[65] *Einsele-MüKo*, § 130 Rn. 2.
[66] *Einsele-MüKo*, § 130 Rn. 2.
[67] Ernst, NJW-CoR 1997, 165 (166).

Der Zugang bei der Auktionsplattform führt allerdings noch nicht dazu, dass die Willenserklärung wirksam ist. Denn diese muss dem Empfänger zugehen, an den sie gerichtet ist. Dies kann in diesem Fall nur der Vertragspartner, also der Verkäufer, sein.

Einige AGB sahen vor, dass die Internetauktionsplattform als Empfangsvertreter auftritt.[68] In diesen Fällen hatten die Benutzer bereits mit der Registrierung den Betreiber der Auktionsplattform bevollmächtigt, die Erklärungen für sie entgegenzunehmen. Daher war der Zugang bei der Auktionsplattform dem Verkäufer zuzurechnen.[69] Diese Konstellation war als Zugang einer verkörperten Willenserklärung unter Anwesenden zu werten, da der Bieter die Willenserklärung auf der Website des Plattformbetreibers, also direkt im System des Empfangsvertreters, abgab. Der Zugang erfolgt also unmittelbar nach Abgabe der Willenserklärung.

Anders ist dies bei den AGB von eBay. In dem bereits zitierten § 9 Nr. 2 der AGB ist ausdrücklich geregelt, dass eBay keine Gebote abgibt und auch keine Gebote entgegennimmt. Eine Empfangsvertreterschaft von eBay ist damit ausgeschlossen, die Gebote müssen dem Verkäufer unmittelbar zugehen.[70]

Es kann insoweit argumentieren werden, dass das Gebot mit Ansicht der Auktionsseite durch den Verkäufer bei diesem zugeht. Denn wenn der Verkäufer sich die Auktionsseite oder die Übersicht über seine laufenden Auktionen anschaut, kann er den Stand des Höchstgebotes sehen. Dieses ist ihm mithin durch Kenntnisnahme von der Willenserklärung des Bieters zugegangen. Da die Daten dabei auch im Computer des Verkäufers gespeichert werden, handelt es sich wie beim Einstellen des Artikels

---

[68] Vgl. *Hoffmann*-Leible/Sosnitza, Rn. 149.
[69] *Einsele*-MüKo, § 130 Rn. 27.
[70] Vgl. auch *Wiebe*-Spindler/Wiebe, Kap. 4 Rn. 34.

auch hier um eine verkörperte Erklärung. Der Plattformbetreiber fungiert in diesen Fällen als Erklärungsbote, welcher die Willenserklärungen an den Verkäufer weiterleitet.[71]

Wann allerdings muss der Verkäufer mit einem Zugang der Erklärung rechnen, er also die Auktionsseite abrufen? Grundsätzlich wird man die oben erläuterten Regeln, die für den Zugang von E-Mails und Briefen gelten, auch hier anwenden müssen. Zusätzlich muss der Verkäufer meines Erachtens allerdings auch unmittelbar nach Ende der Auktion einen Zugang ermöglichen. Der Verkäufer bestimmt frei den Zeitpunkt des Auktionsendes. Er kennt diesen Zeitpunkt auch, so dass es ihm zugemutet werden kann, unmittelbar zum Ende der Auktion das Höchstgebot zur Kenntnis zu nehmen.[72]

Diese Form des Zugangs kann allerdings nur für das jeweilige Höchstgebot gelten, da nur dieses direkt auf der Auktionsseite angezeigt wird. Die weiteren Gebote können lediglich über einen gesonderten Link („Gebotsübersicht") durch den Verkäufer abgerufen werden. Andererseits sind die vorhergehenden Gebote durch Übergebot ohnehin erloschen,[73] so dass es auf deren Zugang im Ergebnis nicht unbedingt ankommt. Dies gilt auch dann, wenn das Übergebot vor Zugang beim Verkäufer angefochten wird, da, wie oben dargestellt, das Vorgebot auch bei einem unwirksamen Übergebot erlischt.

Da das Höchstgebot mit Beendigung der Auktion als zugegangen gilt, ist ein späterer Widerruf nicht mehr ohne weiteres mög-

---

71 Vgl. *Hoffmann*-Leible/Sosnitza, Rn. 149.
72 So auch *Hoffmann*-Leible/Sosnitza, Rn. 153; *Wiebe*-Spindler/Wiebe, Kap. 4 Rn. 37.
73 § 9 Nr. 2 AGB-ebay.de.

lich. Das Höchstgebot ist sodann die endgültig wirksame Annahme des Angebots des Verkäufers.

3.4. Vorzeitige Beendigung durch den Verkäufer

Es sind nach den Regeln von eBay zwei Fallgruppen zu unterscheiden, in welchen eine Auktion durch den Verkäufer vorzeitig beendet werden kann. Zum einen kann der Verkäufer die Auktion beenden, wenn er mit dem erreichten Höchstpreis zufrieden ist, was nach den eBay-Regeln einen Vertragsschluss mit dem Höchstbieter zur Folge hat. Zum anderen kann der Verkäufer unter bestimmten Umständen auch die Auktion abbrechen, wodurch gerade kein Vertragsschluss zu Stande kommen soll. Wie diese Handlungen des Verkäufers allerdings juristisch zu werten sind, wird im Folgenden erläutert.

3.4.1. Vorzeitige Beendigung zum Abschluss eines Vertrages

Unter bestimmten Umständen mag ein Verkäufer ein Interesse daran haben, eine Auktion vorzeitig zu beenden und so den Vertragsschluss vorzuverlegen. Im eBay-System ist dies auch ohne weiteres möglich.[74] Gemäß § 9 Ziff. 3 der eBay-AGB kommt der Vertrag bei „der vorzeitigen Beendigung durch den Anbieter [...] zwischen dem Anbieter und dem das höchste Gebot abgebenden Bieter" zustande.[75] Allerdings ist fraglich, ob dies rechtlich wirksam ist.

Mit Einstellen des Artikels hat der Verkäufer ein Angebot gemacht und insbesondere über die Auktionslaufzeit für die Annahme des Angebots eine bestimmte Frist gem. § 148 BGB ge-

---

[74] Siehe die Hilfsfunktion bei eBay, http://pages.ebay.de/help/sell/ questi-ons/endlist-now.html (abgerufen am 02.08.2006). Aus den AGB ergibt sich diese Möglichkeit lediglich indirekt aus § 9 Ziff. 3.

[75] § 9 Ziff. 3 AGB-ebay.de.

setzt.[76] Hinzu kommt die aufschiebende Bedingung, dass der Vertrag lediglich mit dem Bieter zustande kommt, der am Ende der Annahmefrist das höchste Gebot abgegeben hat.

Diese Frist kann der Verkäufer nach Zugang des Angebots nicht mehr eigenmächtig verkürzen.[77] Für den Höchstbietenden mag dies zwar günstig sein, da er nicht mehr überboten werden kann. Empfänger des Angebots sind allerdings auch Nutzer, die das Angebot zur Kenntnis genommen und geplant haben, im Laufe der Annahmefrist zu einem späteren Zeitpunkt ihr Gebot abzugeben. Durch die Verkürzung der Annahmefrist wäre es ihnen nun nicht mehr möglich, ihrerseits noch ein Gebot abzugeben, und so den Artikel zu erwerben.

Da eine einseitige Verkürzung der Annahmefrist durch den Verkäufer nicht möglich ist, muss es den übrigen Nutzern möglich sein, ihrerseits noch Gebote abzugeben. Dies kann allerdings nicht mehr über das eBay-System geschehen, da in diesem die Auktion bereits beendet ist. Allerdings kann der Nutzer dem Verkäufer per E-Mail ein neues Höchstgebot innerhalb der ursprünglichen Annahmefrist übersenden.

Eine Durchsetzung des Anspruchs dürfte sich im Zweifel aber schwierig gestalten, da der Höchstbieter innerhalb der verkürzten Annahmefrist („eBay-Höchstbieter") i. d. R. auf seinem scheinbaren Anspruch bestehen wird und innerhalb des eBay-Systems – insbesondere über die Bewertungen – Möglichkeiten hat, auf den Verkäufer Druck auszuüben. Dem tatsächlichen Höchstbieter wird in dem Fall vermutlich nur der Weg über die Gerichte bleiben. Ob dieser allerdings diese Mühe auf sich nehmen wird, ist eher zweifelhaft, da er häufig einen ähnlichen oder identi-

---

[76] BGH, NJW 2005, 53 (54).

schen Artikel auf anderem Weg erwerben kann. Bisher gibt es jedenfalls, soweit ersichtlich, noch keine Entscheidung für diese Fallgruppe der vorzeitigen Beendigung von Angeboten.

3.4.2. Abbruch der Auktion ohne Vertragsschluss

Anders sieht es für die Fallgruppe aus, dass eine Auktion durch den Verkäufer abgebrochen wird, ohne dass es zu einem Vertrag kommen soll. Diese Möglichkeit ergibt sich zwar nicht direkt aus den AGB und den zugehörigen Grundsätzen, allerdings aus den zum eBay-Angebot gehörenden Hilfeseiten.[78] Danach ist der vorzeitig Abbruch einer Auktion durch den Verkäufer – ohne dass es zu einem Vertragsschluss kommen soll – aus drei Gründen möglich:

- Irrtum bzgl. der Beschaffenheit beim Einstellen des Artikels,

- Veränderung der maßgeblichen Beschaffenheit nach Einstellen des Artikels,

- Verlust oder Zerstörung des Artikels.

Bereits abgegebene Gebote dürfen gestrichen werden. Innerhalb der letzten 12 Stunden vor Ablauf der Annahmefrist ist es dem Verkäufer nicht mehr gestattet, die Auktion abzubrechen.[79]

Zu diesen Fällen gibt es bisher u. a. Entscheidungen des *OLG Oldenburg*[80], des *KG Berlin*[81] (mit der Vorgängerentscheidung durch das *LG Berlin*[82]) sowie des *LG Coburg*[83], welche sich im Te-

---

[77] *Heinrichs*-Palandt, § 148 Rn. 4; *Kramer*-MüKo, § 148 Rn. 6.
[78] Hinweise hierzu unter http://pages.ebay.de/help/sell/end_early.html (abgerufen am 02.08.2006).
[79] Vgl. http://pages.ebay.de/help/sell/end_early.html (abgerufen am 02.08.2006).
[80] OLG Oldenburg, NJW 2005, 2556.
[81] KG, NJW 2005, 1053.
[82] LG Berlin, NJW 2004, 2831.

nor insoweit gleichen, dass ein vorzeitiger Abbruch der Auktion ausgeschlossen wurde. Vielmehr sei ein Vertrag mit dem zum Zeitpunkt der Auktion Höchstbietenden abgeschlossen worden. In den behandelten Sachverhalten wurde ein Anfechtungsgrund jeweils – aus verschiedenen Gründen – verneint.

Für eine genaue Betrachtung sollte zwischen den drei Fallgruppen unterschieden werden.

3.4.2.1. Irrtum bzgl. Beschaffenheit des Artikels

Ein Abbruch der Auktion aufgrund eines Irrtums über die Beschaffenheit des Artikels kann lediglich als Anfechtung der Willenserklärung i. S. v. § 119 Abs. 2 BGB angesehen werden.

Dabei muss für eine wirksame Anfechtung der Irrtum über eine verkehrswesentliche Eigenschaft der Sache bestehen. Ein Irrtum über eine Eigenschaft der Person scheidet bei Internetauktionen aus, da der zukünftige Vertragspartner während der Laufzeit der Auktion noch nicht bekannt ist.

Fraglich ist, wann ein Irrtum über eine verkehrswesentliche Eigenschaft vorliegt. Grundsätzlich ist hierzu eine Betrachtung des Einzelfalls notwendig, jedoch sollen hier einige Beispiele die Möglichkeiten verdeutlichen.

Kein Irrtum über eine verkehrswesentliche Eigenschaft liegt meines Erachtens vor, wenn der Verkäufer eines Musikinstruments nach Einstellung des Artikels erfährt, dass dieses besonders selten und dementsprechend besonders wertvoll ist. Denn die Seltenheit an sich stellt keine Eigenschaft der Sache, sondern vielmehr des Marktes, dar.[84]

---

83   LG Coburg, MMR 2005, 330.
84   *Heinrichs*-Palandt, § 119 Rn. 27.

Im Gegensatz hierzu kann es sich bei einem versteckten Mangel um eine verkehrswesentliche Eigenschaft handeln, die zur Anfechtung berechtigt.[85] Der Mangel muss allerdings so wesentlich sein, dass sich tatsächlich der Wert der Sache verändert. Ein Kratzer im Autolack dürfte hierfür regelmäßig nicht ausreichend sein, ein defekter bzw. stark beschädigter Motor schon. Ob es sich um eine verkehrswesentliche Eigenschaft handelt, muss jeweils im Einzelfall entschieden werden.

In Literatur und Rechtsprechung besteht jedoch Einigkeit, dass eine Anfechtung bei Sachmängeln wegen einer Konkurrenz zur spezielleren Haftung gem. §§ 434 ff. BGB grundsätzlich nicht möglich ist.[86] Dies mag zwar grundsätzlich richtig sein, ist allerdings meines Erachtens auf die Fallkonstellationen bei Internetauktionen nicht anwendbar.

Wie bereits ausgeführt, stehen während der Laufzeit der Auktion die Rechtsgeschäfte unter der aufschiebenden Bedingung, dass bis zum Ende der Laufzeit kein höheres Gebot abgegeben wird.[87] Der Vertrag ist also schwebend unwirksam, auch wenn er tatbestandlich vollendet und voll gültig ist.[88] Ein Erfüllungsanspruch besteht während des Schwebezustandes nicht. Die Regelungen der §§ 434 ff. BGB stellen dagegen ausdrücklich auf den Gefahrenübergang ab, § 434 Abs. 1 S. 1 BGB. Gefahrenübergang findet im Kaufrecht i. d. R. mit Übergabe bzw. Versendung der Ware statt, §§ 446, 447 BGB. Gefahrenübergang und damit die Regelungen der §§ 434 ff. BGB erfordern folglich die Erfüllung der

---

85 Eine solche Konstellation liegt dem Urteil des OLG Oldenburg, NJW 2005, 2556, zugrunde.

86 BGH, BGHZ 34, 32 (34); BGH, NJW 1988, 2597 (2598); OLG Oldenburg, NJW 2005, 2556 (2557); LG Berlin, NJW 2004, 2831 (2833); *Heinrichs-Palandt*, § 119 Rn. 28; *Brox*, Rn. 422;.

87 Siehe Kapitel 3.3.1.3.

Verpflichtungen, auf welche allerdings während der Laufzeit der Auktion wie dargestellt noch kein Anspruch besteht. Vielmehr ist unsicher und gerade im frühen Stadium einer Auktion unwahrscheinlich, dass die Erfüllungsansprüche überhaupt entstehen werden.[89] Aufgrund der schwebenden Unwirksamkeit besteht auch keine Notwendigkeit, den Bieter über das negative Interesse gem. § 122 Abs. 1 BGB hinaus mit den weiteren Haftungsregeln des § 437 BGB zu schützen, da diesem bewusst ist, dass er jederzeit überboten werden kann und er damit ohnehin nicht Käufer werden würde. All dies führt dazu, dass die Mangelhaftungsregelungen der §§ 434 ff. BGB während der Laufzeit der Auktion nicht anwendbar sind und demzufolge dem Anfechtungsrecht des § 119 Abs. 2 BGB nicht vorgehen können.[90] Ein unbekannter Sachmangel, der während der Laufzeit der Auktion entdeckt wird, ist daher als Irrtum über eine wertbildende Eigenschaft ein berechtigter Anfechtungsgrund.

Die Anfechtung, also der Abbruch der Auktion, muss unverzüglich nach Kenntnis des Irrtums erklärt werden, § 121 Abs. 1 S. 1 BGB. Gemeint ist damit ausschließlich die positive Kenntnis, auf ein Kennenmüssen kommt es nicht an.[91] Außerdem muss dem Anfechtenden auch eine Überlegenszeit, ggf. auch die Möglichkeit der Einholung eines Rechtsrates, zugestanden werden.[92]

Die Anfechtungserklärung muss gegenüber dem Anfechtungsgegner abgegeben werden, § 143 Abs. 1 BGB. Bei einem Vertrag ist dies der Vertragspartner, § 143 Abs. 2 BGB. Bei Internet-

---

88   *Heinrichs*-Palandt, Einf v § 158 Rn. 8.
89   Vgl. die Ausführungen unter Kap. 3.3.1.3.
90   Vgl. BGH, BGHZ 34, 32 (34), welcher ausdrücklich erklärt, dass der Ausschluss des Anfechtungsrechts nur dann greift, wenn die Gewährleistungsrechte bereits entstanden sind, also mit Gefahrenübergang.
91   *Heinrichs*-Palandt, § 121 Rn. 2 m. w. N.

auktionen ist dies nur der zum Zeitpunkt der Anfechtung Höchstbietende. Ob der Anfechtungsgrund in der Anfechtungserklärung enthalten sein muss, damit diese wirksam ist, ist noch nicht endgültig geklärt. Die Meinungen reichen dabei von einer Pflicht zur ausdrücklichen Angabe des Grundes[93] bis hin zu jeglicher Ablehnung der Angabe von Gründen.[94] Das Gesetz verlangt in § 143 BGB keine Angabe von Anfechtungsgründen. Allerdings hat natürlich der Empfänger der Anfechtungserklärung ein Interesse daran, zu erfahren, warum angefochten wird, um prüfen zu können, ob die Anfechtung wirksam ist.

In der Literatur haben sich daher verschiedene Mittelwege herausgebildet. Ein Teil der Literatur verlangt, dass aus der Anfechtungserklärung zumindest erkennbar sein muss, auf welchem tatsächlichen Grund die Anfechtung beruht.[95] Andere Stimmen verlangen lediglich, dass dem Empfänger der Anfechtungserklärung auf dessen Nachfrage der Grund mitgeteilt werden muss.[96] Eine dritte Meinung wiederum sieht in einer Anfechtung ohne erkennbare Gründe lediglich eine Irrtumsanfechtung, eine Anfechtung wegen arglistiger Täuschung oder widerrechtlicher Drohung müsste begründet oder zumindest erkennbar sein.[97]

Jedenfalls ist ein späteres Nachschieben von weiteren Anfechtungsgründen nicht möglich, da es sich bei der Anfechtungsfrist um eine Ausschlussfrist handelt. Bei der Mitteilung der Gründe müssen also sämtliche Anfechtungsgründe angegeben werden,

---

[92] *Heinrichs*-Palandt, § 121 Rn. 2; Brox, Rn. 435.
[93] BGH, NJW 1984, 2279 (2280).
[94] RG, RGZ 65, 86 (88).
[95] *Heinrichs*-Palandt, § 143 Rn. 3; *Hefermehl*-Soergel, § 143 Rn. 2.
[96] Brox, Rn. 433.
[97] *Mayer-Maly/Busche*-MüKo, § 143 Rn. 7 ff., mit weiteren Nachweisen zum Streitstand.

wenn sich die Gründe bereits aus der Anfechtungserklärung ergeben, muss diese ebenfalls vollständig sein.[98]

Bezogen auf Internetauktionen kann die Erkennbarkeit durchaus problematisch sein. Da die Anfechtung automatisiert erfolgt und der Anfechtende regelmäßig keine Möglichkeit hat, die Erklärung durch eigene Worte zu gestalten, bleiben häufig nur die vorgegebenen Optionen des Auktionsbetreibers. Aus diesen lässt sich aber nicht immer der Grund für die Anfechtung erkennen. Es kann daher für die Wirksamkeit nicht allein auf eine Erkennbarkeit der Gründe ankommen. Wenn der Anfechtungsgegner Zweifel an den Anfechtungsgründen hat, kann insbesondere im schnellen elektronischen Rechtsverkehr durchaus von ihm verlangt werden, dass er die Gründe vom Erklärenden erfragt. Eine Antwort auf diese Anfrage muss der Anfechtende gegen sich gelten lassen. Da diese Antwort auch nicht mehr automatisiert bzw. formularmäßig abläuft, sondern im unmittelbaren Kontakt, ist es dem Erklärenden nunmehr auch möglich, zumindest den tatsächlichen Grund für die Anfechtung zu nennen

Dem Empfänger der Anfechtung steht gem. § 122 Abs. 1 BGB ein Schadenersatzanspruch zu. Allerdings beschränkt sich der Schadenersatzanspruch auf den Vertrauensschaden, ein Anspruch auf Erfüllung oder Schadenersatz wegen Nichterfüllung besteht nicht.[99] Der Empfänger der Anfechtungserklärung wird vielmehr so gestellt, als ob er von der Auktion nie erfahren hätte. Zu ersetzen sind demnach im Wesentlichen Aufwendungen, die im unmittelbaren Zusammenhang mit der abgebrochenen Auktion – und ausschließlich für diese – getätigt wurden.[100] Solche Auf-

---

[98] Heinrichs-Palandt, § 143 Rn. 3; Mayer-Maly/Busche-MüKo, § 143 Rn. 10.
[99] Heinrichs-Palandt, § 122 Rn. 4.
[100] Heinrichs-Palandt, § 122 Rn. 4.

wendungen werden bei Internetauktionen lediglich in wenigen Ausnahmefällen zu finden oder gar nachzuweisen sein. Denkbar sind z. B. Telefonanrufe beim Verkäufer, um Details wegen des angebotenen Artikels zu klären oder, bei größeren Artikeln, evtl. eine Anfahrt zur persönlichen Inaugenscheinnahme. Auch Schäden, die aus einem infolge der Anfechtung nicht zustande gekommenen Folgegeschäft resultieren, können ersetzbar sein.[101]

Die Höhe des Schadenersatzes ist gleichzeitig durch das positive Erfüllungsinteresse des Erklärungsempfängers beschränkt. Das Schadenersatzrisiko bei Abbruch der Auktion ist für einen Verkäufer also überschaubar.

3.4.2.2. Veränderung der maßgeblichen Beschaffenheit nach Einstellung

In diese Fallgruppe fallen die Sachverhalte, bei denen die Veränderung der Beschaffenheit nach Abgabe des Angebotes, allerdings vor dessen Annahme, eintritt. Gemeint ist hier die tatsächliche Veränderung, nicht hingegen das Feststellen einer anderen als der beschriebenen Beschaffenheit.[102]

Eine Anfechtung kommt für diese Fallgruppe nicht in Frage, da sich der Verkäufer bei Abgabe seiner Willenserklärung nicht in einem Irrtum befand. Vielmehr war zu diesem Zeitpunkt der Artikel auch noch, wie beschrieben. Der Verkäufer kann seine getätigte Willenserklärung folglich nicht vernichten. Ein Abbruch der Auktion ist nicht wirksam. Die Auktion läuft vielmehr bis zum Ende der Annahmefrist weiter, so dass Interessenten weiterhin Gebote auf die Auktion abgeben können.[103] Auch hier ergibt sich allerdings ein Auseinanderfallen von Rechtswirklichkeit und der Darstellung

---

[101] *Heinrichs*-Palandt, § 122 Rn. 4.
[102] Dies würde unter Fallgruppe a) fallen.

im eBay-System, da die Auktion bei eBay als beendet angezeigt wird, folglich die Abgabe weiterer Gebote unmittelbar nicht mehr möglich ist.[104]

Statt einem Abbruch verbleibt dem Verkäufer u. U. die Möglichkeit, seine Auktionsbeschreibung abzuändern. Auf diese Möglichkeit werde ich nachfolgend unter Pkt. 3. eingehen.

3.4.2.3. Verlust oder Zerstörung des Artikels

Auch in diesen Fällen scheidet eine Irrtumsanfechtung aus. Es gilt hier das bereits unter b) Gesagte.

3.4.2.4. Verschreiben in der Auktionsbeschreibung/Auktionstitel

Obwohl diese Fallgruppe in den eBay-Hinweisen nicht aufgeführt ist, muss sie hier doch behandelt werden. Denn bei einem Verschreiben im Auktionstitel, der Auktionsbeschreibung und insbesondere den weiteren Angaben zur Auktion wie Startpreis, Versandkosten etc. handelt es sich ohne Zweifel um einen Erklärungsirrtum gem. § 119 Abs. 1 BGB. Der Erklärungsirrtum berechtigt den Verkäufer, seine Willenserklärung anzufechten, also die Auktion abzubrechen.

Typische Erklärungsirrtümer sind das Verschreiben beim Startpreis (1,00 Euro statt 100 Euro) und bei den Versandkosten. Aber auch das falsche Schreiben eines Markennamens im Auktionstitel (Bocsh statt Bosch) fällt hierunter. Dieses ist aus zwei Gründen relevant: Zum einen wird eine Auktion mit falschem Auktionstitel bei einer Suche durch den Nutzer nicht bei den Ergebnissen angezeigt. Zum anderen ist es auch nicht möglich, den Auktionstitel zu

---

[103] Vgl. Kap. 3.4.1.
[104] Vgl. die Ausführungen zu Ziff. 1.

verändern, nachdem ein Gebot abgegeben wurde[105], so dass für den Verkäufer lediglich die Anfechtung und anschließender Neustart der Auktion verbleibt, um ein faires Ergebnis der Auktion zu erreichen.

Hinsichtlich der Anfechtungserklärung, Anfechtungsfrist sowie Schadenersatz gilt auch hier das bereits unter *a)* Ausgeführte.

3.4.3. *Alternativen zur vorzeitigen Beendigung*

Insbesondere in den unter Punkt 2. genannten Fallgruppen *b)* und *c)*, bei denen eine Anfechtung und damit ein Abbruch der Auktion rechtlich nicht möglich bzw. wirksam ist, empfiehlt es sich, statt einer vorzeitigen Beendigung einen Zusatz zur Auktionsbeschreibung hinzuzufügen. Solange noch kein Gebot auf einen Artikel abgegeben wurde, kann der Auktionstext sowie auch der Titel der Auktion durch den Verkäufer jederzeit verändert werden, solange die Restlaufzeit noch mind. 12 Stunden beträgt. Ein Hinweis unter der Auktionsbeschreibung weist die Interessenten dann darauf hin, dass der Text verändert wurde. Nach Abgabe des ersten Gebotes können lediglich Zusätze zum ursprünglichen Auktionstext hinzugefügt werden. Eine Veränderung des Titels ist nicht mehr möglich.[106] Fraglich ist, welche rechtlichen Auswirkungen eine solche Veränderung bzw. Erweiterung der Auktionsbeschreibung hat.

Grundsätzlich ist der Verkäufer während der Angebotsfrist an sein Angebot gebunden, wenn er diese Bindung nicht ausgeschlossen hat, §§ 145 ff. BGB. Diese Bindung bezieht sich selbstverständlich nicht nur auf die Wirksamkeit des Angebotes, sondern

---

105 Vgl. auch nachfolgend Ziff. 3.
106 Vgl. die entsprechende Hilfeseite bei eBay.de, http://pages. e-bay.de/help/sell/edit_listing.html (zuletzt abgerufen am 31.07.2006).

auch auf dessen Inhalt. Durch das Hinzufügen neuer Tatsachen kommt es allerdings zu einer Änderung des Angebotes.

Daraus folgt gleichzeitig, dass die bisherigen Bieter nicht mehr ohne weiteres an ihre abgegebenen Gebote, welche die Annahme darstellen, gebunden sein können. Denn durch die Veränderung des Angebotes handelt es sich nicht mehr um einander entsprechende Willenserklärungen. Allerdings steht es allein im Ermessen des Bieters, ob er sich weiterhin an sein Gebot gebunden fühlen will, was einer erneuten – u. U. konkludenten – Annahmeerklärung entspricht. Der Verkäufer kann sich auf den Dissens seinerseits nicht berufen, da er sich sonst problemlos aus der Bindung befreien könnte, indem er lediglich die Auktionsbeschreibung verändert.

Da für die Adressaten des Angebots durch die Veränderung also keine Nachteile entstehen, ist meines Erachtens eine Veränderung der Auktionsbeschreibung und damit des Angebotes unschädlich.

Zu klären ist ebenfalls, ob dem Höchstbieter evtl. ein Schadenersatzanspruch zusteht. Dieser könnte sich aus § 160 Abs. 1 BGB ergeben. Voraussetzung hierfür ist zum einen, dass der zum Zeitpunkt der Angebotsänderung Höchstbietende mit diesem Gebot auch mit Ablauf der Annahmefrist Höchstbietender ist. Denn nur dann ist der Eintritt der Bedingung gegeben. Hat der Höchstbietende nach Angebotsänderung erneut ein Gebot abgegeben, kann er sich jedenfalls auf diese Änderung nicht mehr berufen, da er ausdrücklich das geänderte Angebot angenommen hat. Die zweite Voraussetzung ist, dass das von der Bedingung abhängige Recht, i. d. R. das Eigentum an dem zu verkaufenden Artikel, durch das Verschulden des Verkäufers vereitelt oder beeinträchtigt wird. Beispiele hierfür sind ein Verkauf des Artikels durch den Verkäufer während der Laufzeit der Auktion außerhalb der Internetauktion sowie eine schuldhafte Beschädigung oder gar Zerstörung bzw. Verlust des Artikels. Für einen Schadenersatzanspruch aus § 160 Abs. 1 BGB bleibt insoweit bei einem zufälligen Untergang oder einer nicht verschuldeten Beschädigung des Artikels kein Raum. Das gleiche gilt für einen ggf. möglichen Schadenersatzanspruch aus §§ 283 S. 1, 275 BGB, da auch hierfür ein „vertreten müssen" des Verkäufers erforderlich ist (§ 280 Abs. 1 S. 2 BGB).

Für den Verkäufer empfiehlt es sich daher zu prüfen, ob Anfechtungsgründe tatsächlich gegeben sind und ob – selbst wenn dies der Fall ist – nicht eine Veränderung der Auktionsbeschreibung und damit des Angebots einem Abbruch der Auktion vorzuziehen ist.

3.5. Abbedingbarkeit der AGB-Regelungen durch einzelvertragliche Gestaltung

Bisher wurden die AGB der Plattformbetreiber lediglich zur Auslegung der Willenserklärung von Verkäufer und Bieter einbezogen. Noch nicht eingegangen wurde auf die Frage, ob diese AGB unmittelbare Wirkungen auf die geschlossenen Verträge zwischen Käufer und Verkäufer entfalten. In diesem Zusammenhang muss ebenso geklärt werden, inwieweit der Käufer durch die Angaben in seiner Auktionsbeschreibung die Möglichkeit hat, die bisher aufgezeigten grundsätzlichen Regelungen zu verändern.

3.5.1. Einbeziehung der AGB der Plattformbetreiber

Damit die AGB des Plattformbetreibers unmittelbare Wirkung auf den zwischen den Nutzern geschlossenen Vertrag entfalten, müssten sie in den Vertrag einbezogen werden. Eine unmittelbare Einbeziehung scheitert aber schon daran, dass keiner der Nutzer Verwender i. S. d. § 305 Abs. 1 S. 1 BGB ist. Verwender ist vielmehr der Plattformbetreiber. In der Literatur wurde nun versucht, über verschiedene Konstruktionen trotzdem eine unmittelbare Einbeziehung der AGB zu erreichen.

3.5.1.1. Initiationslösung

So führte das *OLG Hamm*[107] in seinen Hilfsüberlegungen[108] aus, dass sich der Verkäufer die AGB des Plattformbetreibers zu eigen mache, da er der Initiator der Versteigerung sei. Hierdurch würde er sie in den Vertrag mit einbeziehen und wäre als Verwender anzusehen. An einer Einbeziehung in den Vertrag scheitert diese Konstruktion allerdings bereits daran, dass es an einem ausdrücklichen Hinweis gem. § 305 Abs. 2 Nr. 1 BGB fehlt. Die wirksame Vereinbarung der AGB für das Nutzungsverhältnis kann nicht ohne weiteres auf das Marktverhältnis durchschlagen. Weiterhin problematisch ist, dass sich der Verkäufer bei dieser Konstruktion AGB zu eigen machen müsste, auf welche er keinerlei Gestaltungseinfluss hat und welche noch dazu ihn möglicherweise benachteiligende Klauseln enthalten. Ein solcher Wille des Verkäufers kann in dem Angebot nicht zu erkennen sein.

3.5.1.2. Vertrag zu Gunsten Dritter

Ein zweiter Vorschlag möchte den Nutzervertrag als Vertrag zu Gunsten Dritter (§ 328 BGB) qualifizieren und darüber eine unmittelbare Wirkung der zweifellos wirksam in den Nutzervertrag einbezogenen AGB der Plattformbetreiber auch auf den Vertrag

---

[107] OLG Hamm, NJW 2001, 1142 (1143).
[108] Grundsätzlich geht das OLG Hamm davon aus, dass die AGB nicht einbezogen wurden.

zwischen den Nutzern erreichen.[109] Dabei sollen die Regelungen, die zwischen Nutzer und Plattform geschlossen wurden, auch für den Dritten weiter wirken. Ein solcher Vertrag wäre allerdings nur zulässig, wenn er keine Regelungen zu Lasten des Dritten enthält.[110]

Dies ist aber hier der Fall, da der Nutzungsvertrag auch belastende Klauseln enthält. *Wiebe* möchte diese Problematik damit umgehen, dass der Nutzer bereits bei Abschluss des Nutzungsvertrags auch die belastenden Vertragsklauseln akzeptiert. Dies ändert jedoch – wie er auch selbst erkennt – nichts an der Unwirksamkeit solcher Verträge.[111] Vielmehr möchte er hier über eine Ausnahmeregelung dieses grundsätzliche Verbot beseitigen, insbesondere auch, da die Nutzer sowohl als Käufer als auch als Verkäufer auftreten können und hierdurch die Begünstigungen und Belastungen wechseln.[112] Dieser Vorschlag geht aber deutlich zu weit. Zwar ist es richtig, dass die Rollen wechseln können und die Teilnehmer grundsätzlich die Lasten auch akzeptieren. Nichtsdestotrotz stellt dies keinen ausreichenden Grund für eine Ausnahmeregelung dar, welche die Rechtsfigur des Vertrags zu Gunsten Dritter derart verändert und überreizt.[113] Eine Einbeziehung der AGB durch einen Vertrag zu Gunsten Dritter ist daher ebenfalls ausgeschlossen.

3.5.1.3. Rahmenvertrag

Am weitesten verbreitet ist unter den Anhängern der sog. „Einbeziehungslösung" die Einbeziehung der AGB des Plattform-

---

[109] *Wiebe-Spindler/Wiebe*, Rn. 134.
[110] *Gottwald-MüKo*, § 328 Rn. 172.
[111] *Gottwald-MüKo*, § 328 Rn. 172.
[112] *Wiebe-Spindler/Wiebe*, Rn. 134.
[113] So auch Burgard, WM 2001, 2102 (2105); Schulze, S. 34; Sester, CR 2001, 98 (104); Spindler, ZIP 2001, 809 (815).

betreibers als vorvertraglicher Rahmenvertrag gem. § 305 Abs. 3 BGB.[114] Ein solcher Rahmenvertrag könnte insbesondere auch die Regelungen zum Vertragsschluss enthalten. *Wiebe* sieht im Abschluss des Nutzungsvertrags gleichzeitig ein Angebot an alle anderen derzeitigen und zukünftigen Nutzer, einen solchen Rahmenvertrag für zukünftige Marktverträge zu schließen, welches gleichzeitig durch die Registrierung angenommen wird. Dabei soll der Plattformbetreiber als Empfangsvertreter fungieren.[115] Allerdings ergibt sich aus den eBay-AGB[116] ein solches Angebot nicht explizit, abgesehen davon, dass eBay gem. den AGB ausdrücklich nicht als Empfangsvertreter auftreten will.

Bedenken gegen eine ausdrückliche Einbeziehung als Rahmenvertrag mangels entsprechender Klauseln in den AGB äußert insoweit *Burgard*.[117] Trotzdem soll es seiner Meinung nach zum Abschluss eines Rahmenvertrages kommen, indem die Nutzer den Rahmenvertrag konkludent schließen. Da keiner der Nutzer Verwender ist, müssten die AGB des Plattformbetreibers auch nicht ausdrücklich in den Rahmenvertrag einbezogen werden. Gründe für eine solche konkludente Implementierung der AGB in die Verträge der Nutzer untereinander seien insbesondere die dadurch entstehende Rechtssicherheit, da sämtliche Nutzer durch die AGB gebunden seien. Diese Rechtssicherheit sei wichtiger, als die Verhinderung einer Verpflichtung zur Einhaltung von nachteiligen Klauseln.[118] Dem ist allerdings nicht zuzustimmen.

---

114 U. a. *Wiebe*-Spindler/Wiebe, Rn. 128; Burgard, WM 2001, 2102 (2105); Spindler, ZIP 2001, 809 (812).
115 *Wiebe*-Spindler/Wiebe, Rn. 128.
116 Soweit ersichtlich ist dies bei anderen Auktionsbetreibern nicht anders.
117 Burgard, WM 2001, 2102 (2106).
118 Burgard, WM 2001, 2102 (2106).

Insbesondere würde durch diese allumfassende und unbeschränkte Verpflichtung die Vertragsfreiheit der einzelnen Nutzer erheblich und ungerechtfertigt eingeschränkt. Die Nutzer hätten keine Möglichkeit, eigene abweichende AGB oder einzelvertragliche Regelungen in die Verträge einzuführen. Solche abweichenden Regelungen würden auch nicht ohne weiteres zu mangelnder Rechtssicherheit führen, da bei Unklarheiten auch weiterhin im Wege der Auslegung auf die AGB der Plattformbetreiber zurückgegriffen werden kann. Weiterhin ist zweifelhaft, dass der Nutzer mit der Registrierung bei einer Website auch gleichzeitig Verträge mit einer Vielzahl von Dritten eingehen möchte, die bereits zu diesem Zeitpunkt gewisse, für den Nutzer zum Teil nachteilige, Verpflichtungen fest vorschreiben. Einen solchen weiten Verpflichtungswillen in die Registrierung bei einer Website zu interpretieren, geht meines Erachtens zu weit, insbesondere, da sich der durchschnittliche Benutzer dieser Reichweite häufig nicht bewusst ist. Daher scheidet im Ergebnis auch ein konkludenter Abschluss eines Rahmenvertrages aus.[119]

3.5.1.4. Verbraucherverträge

Schließlich könnten in einem Marktverhältnis zwischen Unternehmer und Verbraucher die AGB gem. § 310 Abs. 3 Nr. 1 BGB dem Unternehmer zugerechnet werden. Danach gelten AGB, wenn sie nicht vom Verbraucher eingeführt wurden, als vom Unternehmer gestellt. Grundlage dieser Regelung ist, dass dem Unternehmer grdsl. eine strukturelle Überlegenheit gegenüber dem Verbraucher unterstellt wird und er daher AGB selbst dann gegen sich als Verwender gelten lassen muss, wenn sie auf Vor-

---

[119] So auch Schulze, S. 33; Goldmann, S. 74.

schlag eines Dritten in den Vertrag eingeführt werden.[120] Eine solche strukturelle Überlegenheit ist bei Internetauktionen allerdings gerade nicht gegeben, da weder Verbraucher noch Unternehmer in irgendeiner Weise Einfluss auf die AGB des Plattformbetreibers nehmen können. Vielmehr müssen sich alle Nutzer „mit Haut und Haar" den kompletten AGB des Plattformbetreibers unterwerfen. Daher können diese AGB auch nicht auf diesem Weg in das Marktverhältnis einbezogen werden.[121]

3.5.1.5. Ergebnis

Der *BGH* brauchte sich in seinem ricardo-Urteil nicht mit dieser Problematik auseinandersetzen, da der Vertragsschluss in dem entschiedenen Fall auf einer eindeutigen individuellen Willenserklärung des Verkäufers beruhte.[122] Das *OLG Hamm* als Vorinstanz hat sich trotzdem mit der Frage der Einbeziehung beschäftigt, kommt aber ebenfalls zu dem Ergebnis, dass die AGB nicht in den Kaufvertrag einbezogen wurden. Sie sind allerdings für die Auslegung der Willenserklärung hinzuziehen.[123]

Im Ergebnis ergibt sich, dass die AGB der Plattformbetreiber nach dem derzeitigen Stand nicht unmittelbar in den Vertrag zwischen den Nutzern einbezogen werden. Vielmehr dienen sie lediglich als Auslegungshilfe, um den Inhalt der Willenserklärungen der Nutzer im Zweifelsfall bestimmen zu können. Dies hat den nicht unerheblichen Vorteil, dass es Anbietern offen steht, flexible, der jeweiligen Situation angemessene, Bedingungen in den Vertrag

---

[120] Schulze, S. 31.
[121] Schulze, S. 31; A. A. Goldmann, S. 71.
[122] BGH, NJW 2002, 363 (365).
[123] OLG Hamm, NJW 2001, 1142. Das OLG Hamm verkannte in seiner Entscheidung die Individualität der Willenserklärung, die später vom BGH herausgestellt wurde.

einzuführen, welche die AGB des Plattformbetreibers überlagern.[124]

Auf der anderen Seite entsteht allerdings das Problem, dass mangels einer Einbeziehung die AGB der Plattformbetreiber keiner Inhaltskontrolle unterzogen werden können.[125] Dies bedeutet, dass auch Klauseln, welche bei einer Einbeziehung ins Marktverhältnis unwirksam wären, für die Auslegung der Willenserklärung heranzuziehen sind.[126] Den Nutzern verbleibt insoweit allenfalls ein Regressanspruch gegen den Plattformbetreiber.[127]

Dies ist im Ergebnis auch richtig. Schließlich soll die Inhaltskontrolle insbesondere den Vertragspartner des Verwenders vor diesem schützen. Der Dritte, der keinerlei Einfluss auf die Klauseln hat und regelmäßig von ihrer (möglichen) Unwirksamkeit nichts wissen kann, muss sich insoweit auf die Wirksamkeit als Auslegungsgrundlage verlassen dürfen.

3.5.2. Abweichung von den AGB des Plattformbetreibers im Marktverhältnis

Da nunmehr geklärt ist, dass die AGB des Plattformbetreibers und damit insbesondere die Vertragsschlussvorschriften nicht unmittelbar in den Vertrag einbezogen werden, muss im Folgenden hinterfragt werden, auf welche Weise die Nutzer hiervon abweichen können.

Ohne Zweifel muss ein Abweichen von den AGB ausdrücklich erklärt werden, da ansonsten eine Willenserklärung – wie bereits dargestellt – immer auch an den in den AGB vorgesehenen Re-

---

[124] Goldmann, S. 75.
[125] Schulze, S. 37.
[126] Rüfner, MMR 2000, 597 (598).
[127] Lettl, JuS 2002, 219 (221).

geln ausgelegt wird. Eine konkludente Abweichung von den AGB ist daher nicht möglich.[128]

Da ein Großteil des Angebots beim Einstellen des Artikels formularmäßig vorgegeben ist und nur noch durch Details konkretisiert werden kann, verbleiben für eine ausdrückliche Erklärung nur die Bereiche, in welchen umfangreichere individuelle Angaben gemacht werden können. Dies sind die Informationen zu den Zahlungsmethoden *(b)*, die Artikelbeschreibung *(c)* sowie die sog. „Mich"-Seite *(d)*. Doch bevor auf die einzelnen Möglichkeiten näher eingegangen wird, müssen die Erklärungen hinsichtlich ihrer Eigenschaft als Individualabrede oder AGB kategorisiert werden.

3.5.2.1. Individualabrede oder AGB

Für eine Charakterisierung der jeweiligen Erklärung als Individualabrede bzw. AGB kommt es zwar auf den Einzelfall an. Allerdings können an dieser Stelle selbstverständlich grundlegende Überlegungen bei einer Einordnung im Einzelfall helfen.

Grundsätzlich lässt sich sagen, dass sämtliche Regelungen, die keine AGB darstellen, individuelle Abreden sind. AGB sind vorformulierte Vertragsbedingungen, die für eine Vielzahl von Verträgen verwandt werden und durch eine Vertragspartei – in diesem Fall den Verkäufer – der anderen Partei gestellt werden, § 305 Abs. 1 S. 1 BGB.

Problemlos ist insoweit bei Internetauktionen das Merkmal des Stellens durch eine Vertragspartei. Der Verkäufer nimmt diese Regelungen bereits beim Einstellen des Artikels in seine Auktionsbeschreibung bzw. „Mich"-Seite auf und gibt sie so bereits fest vor. Wenn der Interessent auf diesen Artikel bieten möchte, muss

---

[128] Schulze, S. 42.

er diese Bedingungen – vorbehaltlich einer eventuellen Inhalts-kontrolle – akzeptieren. Ein Einfluss des Bieters auf die Bedingungen scheidet bereits dadurch aus, dass sich die Auktion an eine Vielzahl von Interessenten richtet und es keine Kontaktphase vor Beginn der Auktion und damit der Abgabe des Angebots gibt.

Ähnlich problemlos ist dies im Hinblick auf die Vorformulierung der Vertragsbedingungen. Vorformuliert sind Vertragsbedingungen, „wenn sie zeitlich vor dem Vertragsabschluss fertig formuliert vorliegen, um in künftige Verträge einbezogen zu werden."[129] Die Vertragsbedingungen werden in jedem Fall spätestens mit Einstellen des Artikels und damit mit Abgabe des Angebots formuliert. Dies geschieht also vor dem Vertragsabschluss, zu diesem Zeitpunkt ist noch nicht einmal bekannt, wer Vertragspartner werden wird.

Schließlich müssen die Bedingungen für eine Vielzahl von Verträgen vorformuliert sein. Dabei genügt die Absicht, diese vorformulierten Bedingungen auch für zukünftige Verträge zu verwenden.[130] Eindeutig ist es in den Fällen, wenn die Bedingungen in mehreren Auktionsbeschreibungen[131] benutzt wurden. In diesen Fällen ist mit Sicherheit von AGB auszugehen. Wenn die Bedingungen bisher von dem Verkäufer noch nicht genutzt wurden, kommt es auf eine genaue Einzelfallbetrachtung an. So ist bei einem Verkäufer, der bereits viele Verkäufe ohne diese Bedingungen getätigt hat, zu überprüfen, ob die Bedingungen speziell auf einen für den Verkäufer untypischen Artikel zugeschnitten sind. Ist dies der Fall und auch nicht zu erwarten, dass der Verkäufer wei-

---

129 *Basedow*-MüKo, § 305 Rn. 13.
130 *Basedow*-MüKo, § 305 Rn. 18.
131 Nach gesicherter Rechtsprechung sind bereits drei Verträge/Auktionsbeschreibungen ausreichend, vgl. *Basedow*-MüKo, § 305 Rn. 18 m. w. N.

tere solche untypischen Artikel verkaufen wird, ist keine Formulierung für eine Vielzahl von Verträgen gegeben. Diese Konstellation wird allerdings die Ausnahme darstellen. Insbesondere wird der einmalige Verkäufer sich nicht die Arbeit machen, einmalige Bedingungen für die Auktion zu entwickeln. Vielmehr deutet dies gerade darauf hin, dass auch in Zukunft Verkäufe geplant sind. Ein weiteres starkes Indiz für das Vorhandensein von AGB ist, wenn die Bedingungen auf der „Mich"-Seite niedergeschrieben sind. Nichtsdestotrotz kommt man um eine konkrete Prüfung des jeweiligen Sachverhalts nicht herum.

Im Ergebnis lässt sich somit sagen, dass es sich bei durch den Verkäufer in die Auktion aufgenommene Bedingungen i. d. R. um AGB im Sinne von § 305 Abs. 1 S. 1 BGB handelt. Daraus folgt zum einen, dass sie für ihre Wirksamkeit in den Vertrag einbezogen werden müssen (§ 305 Abs. 2 BGB) und zum anderen einer Inhaltskontrolle gem. §§ 307 – 309 BGB unterliegen.

Auf zwei Ausnahmesituationen muss an dieser Stelle ebenfalls noch hingewiesen werden. Grundsätzlich gilt bei Verbraucherverträgen die Fiktion, dass die AGB vom Unternehmer gestellt werden, § 310 Abs. 3 Nr. 1 BGB. Bei Internetauktionen kann wie beschrieben allerdings nur der Verkäufer die AGB stellen. Im – zugegeben eher ungewöhnlichen – Fall, dass der Verkäufer Verbraucher, der Käufer ein Unternehmer ist, verbleibt dies selbstverständlich dabei, da der Verbraucher die AGB eingeführt hat, § 310 Abs. 3 Nr. 1 HS 2 BGB.

Auch die zweite Ausnahme betrifft Verbraucherverträge. Wenn von Unternehmern in solche Verträge eingebrachte Bedingungen tatsächlich nur zur einmaligen Verwendung gedacht sind, handelt es sich zwar nicht um AGB. Trotzdem unterliegen sie gem. § 310 Abs. 3 Nr. 2 BGB der Inhaltskontrolle der §§ 305c, 307 bis 309 BGB, wenn der Verbraucher keinen Einfluss nehmen konnte. Bei Internetauktionen eines Unternehmers ist dies grundsätzlich immer der Fall. Entziehen kann sich der Unternehmer lediglich dadurch, dass er die Auktion ausdrücklich nur für andere Unternehmer zulässt.

3.5.2.2. Bedingungen in den Zahlungsinformationen

Beim Einstellen des Artikels hat der Verkäufer die Möglichkeit, Zahlungsinformationen individuell anzugeben. Der Verkäufer hat dabei keine Möglichkeit, die Formatierung des Textes der Bedingungen zu verändern. Diese Informationen erscheinen auf der Angebotsseite unterhalb der eigentlichen Auktionsbeschreibung, eventuellen Bildern sowie der Werbung für eigene Artikel, aber oberhalb des Feldes für die Eingabe des Gebotes. Zusätzlich gibt es noch eine visuelle Abgrenzung durch einen farbigen Querstrich, eine gesonderte Hervorhebung existiert nicht. Ein Link im Kopf der Auktionsseite („Angaben zu Zahlung, Versand und Rücknahme") verweist zusätzlich auf diese Bedingungen.

Da es sich wie dargestellt i. d. R. um AGB handelt, müssen diese wirksam gem. § 305 Abs. 2 BGB in den Vertrag einbezogen werden. Wenn die AGB unmittelbarer Bestandteil des Angebotstextes sind, ist ein zusätzlicher ausdrücklicher Hinweis selbstverständlich nicht nötig.

Dies ist grundsätzlich bei AGB in den Versandbedingungen der Fall. Sie befinden sich direkt auf der Angebotsseite und der Bieter muss, um zur Eingabe des Gebotspreises zu gelangen, an den Angaben „vorbeiscrollen". Sie sind daher, auch wenn sie nicht unmittelbar in der Artikelbeschreibung enthalten sind, Bestandteil des Angebotstextes. In jedem Fall ist aber ein ausreichender ausdrücklicher Hinweis auf AGB in den Versandbedingungen in dem Link „Angebots- und Zahlungsdetails" zu sehen, welcher sich im Kopf der Auktion befindet. An dieser Stelle finden sich daneben auch alle wichtigen Informationen über die Auktion wie aktueller Preis, Restlaufzeit und Standort.

Gem. § 305c Abs. 1 BGB dürfen sich an dieser Stelle allerdings nur solche AGB befinden, die sich tatsächlich auf die Zahlung beziehen. Dazu gehören insbesondere die akzeptierten Zahlungsmethoden und Zahlungsfristen. Alle anderen AGB wären an dieser Stelle für die Bieter überraschend, da er angesichts der Überschrift hier nur mit Bedingungen für die Zahlung rechnet.

AGB in Zahlungsbedingungen sind also, soweit sie tatsächlich Zahlungsbedingungen betreffen, wirksam in den Vertrag einbezogen.

3.5.2.3. Bedingungen in der Artikelbeschreibung

Am üblichsten ist es, die Bedingungen unmittelbar in die Artikelbeschreibung aufzunehmen. Dies ist bei eBay der Bereich, in welchem der Verkäufer die größten Gestaltungsmöglichkeiten hat. Insbesondere ist es hier möglich, die Texte und Bilder mit einer Vielzahl von Formatierungen zu versehen und so hervorzuheben oder zu verstecken.

Wenn die Bedingungen als AGB betrachtet werden, müssen auch diese selbstverständlich in den Vertrag einbezogen sein. Auch hier geschieht dies durch die unmittelbare Aufnahme in den Angebotstext, so dass für einen weiteren ausdrücklichen Hinweis kein Bedarf besteht.

Im Rahmen der möglichen Formatierung dürfen die AGB nicht so klein geschrieben sein, dass ein Lesen tatsächlich nicht möglich ist. Ebenso können selbstverständlich nur tatsächlich angezeigte Bedingungen Vertragsbestandteil werden. Neben einer Formatierung, bei der Schriftfarbe mit der Hintergrundfarbe identisch ist, betrifft dies vor allem AGB, die nur über ein Zusatzprogramm, ein sog. Plug-in, auf der Website dargestellt werden können. Nur exemplarisch sei hier auf die Möglichkeit verwiesen, die AGB als einen sich ständig wiederholenden Flash-Film darzustellen. Diese Art der Hervorhebung mag geeignet sein, sich von anderen Anbietern abzuheben und auch auf die AGB besondere Aufmerksamkeit zu lenken und diese möglicherweise besonders deutlich und plastisch darzustellen. Allerdings kann nicht von jedem Nutzer erwartet werden, dass hierfür nötige Plug-in zu installieren. Im Fall, dass der Bieter dieses tatsächlich nicht installiert hat, werden die AGB nicht angezeigt und werden folglich auch nicht Vertragsbestandteil.

Im Rahmen der Artikelbeschreibung können grundsätzlich für jeden Regelungsbereich des Vertrages Bedingungen aufgestellt werden. Eine Einschränkung kann sich insoweit lediglich aus § 305c Abs. 1 BGB sowie der Inhaltskontrolle der §§ 307 ff. BGB ergeben.

3.5.2.4. Bedingungen in der „Mich"-Seite oder anderen externen Webseiten

Eine dritte Möglichkeit ist das Festschreiben der Bedingungen auf der sog. „Mich"-Seite oder auf anderen externen Webseiten. Die „Mich"-Seite ist eine von eBay zur Verfügung gestellte Webseite, auf welcher der Nutzer (mit Einschränkungen aus den eBay-AGB) eine Vielzahl von Angaben machen kann. Insbesondere wird diese genutzt, um sich selbst als Verkäufer vorzustellen. Dies stellt auch die einzige Möglichkeit dar, auf seine eigene Webseite zu verlinken. Bei Inanspruchnahme dieses Zusatzdienstes erscheint neben dem Nutzernamen ein kleines Symbol, welches auf die jeweilige „Mich"-Seite verlinkt.

Werden die Bedingungen in dieser Weise gestellt, handelt es sich immer um AGB, da nicht davon ausgegangen werden kann, dass eine auf diese Art eingebrachte Bedingung nicht auch in Zukunft genutzt werden soll. Im Gegensatz zu den zuvor dargestellten Methoden befinden sich die AGB auch nicht direkt im Angebotstext, so dass nicht nur gem. § 305 Abs. 2 Nr. 1 BGB ausdrücklich auf sie hingewiesen werden muss, sondern es muss auch die Möglichkeit geschaffen werden, dass der Bieter von ihrem Inhalt Kenntnis erlangen kann, § 305 Abs. 2 Nr. 2 BGB.

Der Hinweis auf die AGB muss ausdrücklich erfolgen, da dies bei Internetauktionen ohne „unverhältnismäßige Schwierigkeiten" möglich ist. Für die zweite Alternative des § 305 Abs. 2 Nr. 1 BGB verbleibt insoweit kein Raum. Der Hinweis muss deutlich sichtbar sein. Dies schließt insbesondere eine besonders kleine Schreibweise, das Verstecken zwischen wenig wichtigen Informationen sowie das bereits erwähnte „unsichtbare" Schreiben aus.[132] Meines Erachtens muss der Hinweis auf die AGB auch direkt in der Artikelbeschreibung enthalten sein, ein technisch ebenfalls mögliches Einfügen in die Informationen zu den Zahlungsbedingungen ist aus den bereits unter *b)* genannten Gründen nicht ausreichend.

Ebenso muss die Möglichkeit geschaffen werden, dem Nutzer die AGB zugänglich zu machen, § 305 Abs. 2 Nr. 2 BGB. Dies geschieht am einfachsten über einen Hyperlink, welcher direkt auf die AGB weiterleitet. Eine indirekte Weiterleitung, bei welcher der Nutzer sich erst noch durch eine Vielzahl weiterer Webseiten klicken muss, ist nicht ausreichend, da hier die Zumutbarkeit überschritten werden würde.[133] Befinden sich die AGB auf der „Mich"-Seite, ist es nicht nötig, in die Artikelbeschreibung einen eigenen zusätzlichen Link zu setzen. Es genügt insoweit der Hinweis auf die „Mich"-Seite und die entsprechende Verlinkung neben dem Benutzernamen im Kopf der Seite, da es den Bietern zumutbar ist, diesen Link im Kopf der Auktion anzuklicken. Die „Mich"-Seite muss hierfür allerdings die AGB unmittelbar enthalten, ein dort befindlicher Link auf die extern abgelegten AGB genügt nicht, dies würde einer indirekten Verlinkung entsprechen.

Für die Einbeziehung ist es nicht notwendig, dass der Nutzer tatsächlich Kenntnis von den AGB nimmt. Das gem. § 305 Abs. 2 BGB notwendige Einverständnis gibt der Nutzer konkludent mit der Annahmeerklärung ab.[134]

Dass nicht nur der Hinweis auf die AGB sondern diese auch selbst deutlich lesbar sein müssen, erscheint selbstverständlich. Es gilt hier das gleiche, wie bereits unter c) ausgeführt. Insbesondere müssen die AGB so groß dargestellt werden, dass sie problemlos am Bildschirm gelesen werden können. Auf die Möglichkeit des Ausdrucks zu verweisen, würde meines Erachtens die Grenzen der Zumutbarkeit überschreiten, da dies mit einem – wenn auch nicht unbedingt erheblichen – Mehraufwand und insbesondere mit zusätzlichen Kosten für den Verbraucher verbunden ist. Insofern ist es meines Erachtens auch problematisch, offline genutzte AGB zu scannen und als pdf-Dokument online wiederzugeben: Zum einen, weil ein Zusatzprogramm notwendig ist, um die AGB zu lesen, zum anderen, weil sich solche gescannten Dokumente,

---

132 *Holzbach/Süßenberger*-Mortiz/Dreier; Kap. C Rn. 290; Ernst, NJW-CoR 1997, 165 (167).
133 *Holzbach/Süßenberger*-Moritz/Dreier, Kap. C Rn. 294.

insbesondere wenn sie typischerweise mehrspaltig sind, i. d. R. am Bildschirm nur schlecht lesen lassen. Grundsätzlich sollten daher die AGB internetgerecht wiedergegeben werden.[135] Ein weiteres typisches Internetproblem ist die Sprache der AGB. Wenn sich das Angebot ausschließlich an Bieter aus dem deutschsprachigen Raum richtet[136], genügt es jedenfalls, wenn die AGB auf deutsch gehalten sind.[137]

Soll ein weltweiter Bieterkreis angesprochen werden, richtet sich die Sprache der AGB nach der ansonsten in der Auktionsbeschreibung genutzten Sprache. Dabei ist davon auszugehen, dass ein Käufer, der ein in einer bestimmten Sprache geschriebenes Angebot annimmt, dieser Sprache auch mächtig ist und demzufolge auch die AGB verstehen kann.[138] Dabei kommt es nicht auf die Sprache der genutzten Plattform an, sondern nur auf die der eigentlichen Artikelbeschreibung, da man von jeder nationalen eBay-Plattform über die einmalige Artikelnummer auf jeden Artikel im weltweiten eBay-System zugreifen kann, die Systemsprache sich aber nicht ändert. So kann ein Nutzer über eBay-Deutschland einen Artikel, der bei eBay-Frankreich eingestellt wurde, aufrufen. Die Artikelbeschreibung selbst bleibt französisch, alle Systeminformationen erscheinen allerdings in deutscher Sprache. Daraus kann allerdings nicht geschlossen werden, dass auch die AGB auf deutsch vorliegen müssen, um in den Vertrag einbezogen werden. Denn das Angebot ist auf französisch geschrieben und es kann von dem Käufer, der auf diesen

---

[134] *Heinrichs-Palandt*, § 305 Rn. 43.
[135] Ernst, NJW-CoR 1997, 165 (167).
[136] Dies kann beim Einstellen des Artikels eingestellt werden.
[137] *Heinrichs-Palandt*, § 305 Rn. 42.
[138] *Holzbach/Süßenberger-Moritz/Dreier*, Kap. C Rn. 296.

Artikel bietet, erwartet werden, dass er der französischen Sprache mächtig ist.

Während die Sprachregelung für AGB auf externen Webseiten keine Probleme macht[139], ist dies bei AGB auf der „Mich"-Seite u. U. anders. Immer dann, wenn der Verkäufer verschiedene Artikel in verschiedenen Sprachen anbietet, müssten auf der „Mich"-Seite die AGB auch in diesen Sprachen vorliegen. Eine Verlinkung auf die verschiedenen AGB reicht wie dargestellt dort nicht aus. Mehrere AGB in verschiedenen Sprachen auf einer Seite würden zudem auch aufgrund des eingeschränkten Platzes zu einer mangelnden Klarheit führen, zumal es zwischen den verschiedenen Sprachversionen zu leichten redaktionellen Unterschieden kommen kann. Es wäre dann nicht eindeutig, welche AGB gelten sollen. Daher scheidet für Verkäufer, die Artikel in mehreren Sprachen und auf unterschiedlichen eBay-Plattformen anbieten, die Option der AGB auf der „Mich"-Seite meines Erachtens aus.

3.5.3. Sanktionen des Plattformbetreibers

Die Einbeziehung eigener Bedingungen führt häufig – nämlich immer dann, wenn sie nicht nur ergänzend sind – dazu, dass von den Vorgaben der AGB des Plattformbetreibers abgewichen wird. Es muss insoweit überprüft werden, inwieweit der Plattformbetreiber hier ggf. Sanktionen gegen den Verkäufer einleiten kann. Auch dies soll am Beispiel der AGB von eBay.de erfolgen.

§ 8 Abs. 2 AGB-ebay.de verlangt, dass die „eingestellten Inhalte" nicht gegen geltendes Recht, die AGB oder die eBay-Grundsätze verstoßen dürfen. Mit „eingestellten Inhalten" können insoweit nur die angebotenen Artikel einschließlich deren Be-

---

[139] Es kann für jede Sprache eine eigene Webseite erstellt werden.

schreibung gemeint sein. Mit dieser Regelung soll zum einen verfolgt werden, dass keine verbotenen Artikel (§ 7 AGB-ebay.de) veräußert werden, zum anderen dass im Rahmen der Einstellung auch insbesondere die Rechte Dritter (z. B. Marken- und Urheberrechte) gewahrt bleiben. Nicht hierunter fallen meines Erachtens jegliche Formen von Vertragsbedingungen, da diese in dem Sinne keine Inhalte darstellen.

Allgemeiner gefasst ist in dieser Hinsicht § 4 Nr. 1 AGB-eBay.de. Hier wird eine Reihe von Sanktionen u. a. bereits für die Verletzung der „eBay-AGB" oder der „eBay-Grundsätze" angedroht. Hierunter könnten auch Vertragsbedingungen fallen, welche von den grundsätzlichen Vorgaben der eBay-AGB abweichen, bspw. hinsichtlich des Vertragsschlusses. Allerdings ist fraglich, ob in jeder Abweichung von den AGB bereits eine Verletzung zu sehen ist.

Ohne Zweifel ist dies bei den Regelungen der Fall, die einen unmittelbaren Bezug zur Plattform haben. Hierunter fallen neben dem Verbot von bestimmten Waren[140] und Inhalten[141] insbesondere auch die Regeln hinsichtlich der Registrierung[142]. Aber auch Konstruktionen zur Umgehung von Gebühren wirken unmittelbar auf die Plattform ein und können sanktioniert werden.

Anders ist dies bei den AGB zu sehen, die ausschließlich Regeln für den Vertrag und damit das Marktverhältnis aufstellen wollen. Da diese wie dargelegt keine unmittelbare Wirkung auf das Marktverhältnis haben, kann eine Abweichung meines Erachtens nicht als „Verletzung" angesehen werden. Sie sind somit nicht

---

[140] § 7 AGB-eBay.de.
[141] Bspw. das Verbot von bestimmten Links und Werbung, § 8 Nr. 5 AGB-eBay.de.
[142] § 2 AGB-eBay.de.

sanktionierbar, eventuelle Maßnahmen könnten u. U. eine Schadenersatzpflicht des Plattformbetreibers nach sich ziehen.

Im Ergebnis kommt es bei der Frage der Sanktionierbarkeit zu einer Abwägung der Interessen des Plattformbetreibers an der Einhaltung der AGB sowie der Interessen der Nutzer hinsichtlich der Vertragsfreiheit. Überwiegende Interessen des Plattformbetreibers könnten insbesondere die Einhaltung gesetzlicher Vorschriften, das eigene Gebühreninteresse sowie der Schutz der Integrität der Infrastruktur sein. Solange diese allerdings nicht betroffen sind, überwiegt meines Erachtens das Interesse der Nutzer an der Vertragsfreiheit.

Die möglichen Sanktionen reichen von einer Löschung der betreffenden Angebote bis hin zu einer endgültigen Sperrung des Benutzers. Die Wahl der Maßnahme liegt insoweit im Ermessen des Plattformbetreibers, allerdings müssen dabei die Schwere des Verstoßes und das bisherige Verhalten des Nutzers einbezogen werden.[143]

3.6. Gestaltungsvorschläge

Nachdem nunmehr die Grundlagen für den Vertragsschluss ausführlich dargestellt wurden und ebenso aufgezeigt wurde, dass man die vom Plattformbetreiber vorgegebenen Bedingungen im Marktverhältnis durchaus verändern kann, wird dies im vorliegenden Kapitel in konkrete Gestaltungsempfehlungen für Internetauktionen bei eBay.de umgesetzt. Dieser Abschnitt richtet sich folglich insbesondere an die Verkäufer. Dies reicht von einer kurzen Ausführung zur formalen Gestaltung bis hin zu Klauseln für

---

[143] § 4 Nr. 1 AGB-eBay.de.

die AGB. Dabei werden die AGB selbstverständlich auch jeweils einer Kontrolle gem. §§ 307 ff. BGB unterzogen.

3.6.1. Formale Gestaltung

Wie bereits erläutert, können die Klauseln an verschiedenen Stellen der Angebotsseite oder über verlinkte Webseiten wirksam einbezogen werden. Bei von den AGB des Plattformbetreibers abweichenden Klauseln sollte insoweit allerdings immer eine Einfügung im Rahmen der Auktionsbeschreibung gewählt werden, da die bekannten AGB des Plattformbetreibers als Auslegungsgrundlage auf den Empfängerhorizont des Käufers einwirken. Um dem entgegenzuwirken, müssen die Klauseln nicht nur eindeutig sein, sondern ebenso auf den Empfängerhorizont einwirken und die Plattform-AGB überlagern. Eine solche Überlagerung ist jedenfalls dann sichergestellt, wenn die Klauseln unmittelbar in der Auktionsbeschreibung zu finden sind, sie folglich vom Käufer in jedem Fall wahrgenommen werden müssen. Dies ist auf externen Seiten nicht zwingend der Fall.

3.6.2. Vorschläge für abweichende Vertragsbedingungen

Die folgenden Klauselvorschläge richten sich insbesondere auf den Vertragsschluss. Sie dienen im Wesentlichen der Abänderung der in den AGB genannten Vertragsschlussregeln, welche sich für den Verkäufer i. d. R. als nachteilig erweisen. Teilweise können die Vorschläge nebeneinander, teilweise nur alternativ, verwendet werden.

3.6.2.1. Invitatio ad offerendum statt verbindliches Angebot

Dieser erste Vorschlag soll die Verbindlichkeit des Angebots während der Laufzeit aufheben:

In Abweichung von den eBay-AGB stellt das Einstellen dieses Artikels nur ein unverbindliches Angebot dar. Die Gebote der Bieter stellen dagegen verbindliche Angebote dar, das Höchstgebot zum Ablauf der Auktionszeit wird von mir bereits jetzt angenommen.

Eine solche Gestaltung kehrt den von eBay vorgesehenen Vertragsschlussmechanismus um. Dabei nähert sich der Vertragsschluss stark an das gesetzliche Leitbild des § 156 BGB an, indem die Gebote als Angebote i. S. d. § 145 BGB betrachtet werden. Eine Verbindlichkeit der Auktion nach Zeitablauf wird erreicht, indem bereits mit Einstellen des Angebots die Annahme des Höchstgebotes erklärt wird.

Für den Verkäufer entsteht durch diese Gestaltung der erhebliche Vorteil, dass während der Laufzeit des Angebotes keine Verträge zustande kommen, da eine entsprechende Willenserklärung des Verkäufers ausdrücklich erst mit Ablauf der Auktionslaufzeit abgegeben wird. Folge hiervon ist, dass der Verkäufer sein Angebot, welches rechtlich lediglich ein invitatio ad offerendum darstellt, bis zum Ablauf der Auktionslaufzeit zurücknehmen kann. Dafür mag er vielfältige Gründe haben, welche in Kap. B.IV. bereits erläutert wurden. Die Bezeichnung als „Angebot" ist nicht als Bestimmung nach § 145 BGB zu sehen, da sich aus dem Kontext und insbesondere aus dem Wort „unverbindlich" ergibt, dass es sich nur um ein invitatio ad offerendum handeln kann. Der Begriff wird insoweit lediglich in seinem allgemeinen Verständnis genutzt, ein Bieter bzw. Interessent kann dies auch nicht anders verstehen.

Es muss nun noch geprüft werden, ob die Klausel einer AGB-Kontrolle standhalten würde. Ein Verstoß gegen §§ 308, 309 BGB ist jedenfalls nicht gegeben. Gem. § 307 Abs. 1 S. 1 BGB könnte allerdings eine unangemessene Benachteiligung des Vertragspartners vorliegen. Dies könnte sich daraus ergeben, dass der Verkäufer bis kurz vor Ablauf der Auktionslaufzeit[144] sein „Angebot" zurückziehen kann. Dies mag zwar für den Bieter ärgerlich sein, stellt allerdings meines Erachtens keine unangemessene Benachteiligung dar. Insbesondere kann sich der Höchstbieter ohnehin nicht darauf verlassen, dass er zum Ende der Auktion tatsächlich Vertragspartner wird, da er jederzeit von einem weiteren Interessenten überboten werden kann. Insoweit hat der Höchstbieter keine so weit gehende Schutzwürdigkeit, dass die Möglichkeit der Rücknahme des unverbindlichen Angebotes bereits eine unangemessene Benachteiligung darstellt. Auch weicht die Klausel nicht von einem wesentlichen Grundgedanken der gesetzlichen Regelung ab, so dass die Vermutung des § 307 Abs. 2 Nr. 1 BGB nicht greift. Im Gegenteil, vielmehr nähert sich ein Vertragsschluss dieser Art deutlich der gesetzlichen Regelung des § 156 BGB an, welche das Leitbild auch für Internetauktionen[145] darstellt.

Im Ergebnis ist diese Gestaltung also wirksam.

Eine weitere Möglichkeit, den Vertragsschluss umzudeuten, könnte sich aus folgender Klausel ergeben:

In Abweichung von den eBay-AGB gilt für den Vertragsschluss § 156 BGB. Die Erfolgsmitteilung von eBay stellt dabei den Zuschlag dar.

Auch hier ergibt sich aus der Anwendung von § 156 BGB, dass das Einstellen des Artikels lediglich ein invitatio ad offerendum darstellt. Der Vertragsschluss soll durch die Erfolgsmitteilung von

---

[144] Aufgrund der technischen Gegebenheiten bei eBay.de faktisch bis 12 Stunden vor Ende der Auktion.
[145] Anders: Goldmann, S. 79.

eBay als Zuschlag (=Annahme) stattfinden. Die Folge entspricht dem bereits oben Gesagten.

Allerdings kann eine solche Klausel nicht wirksam sein, da der Zuschlag die Willenserklärung eines Dritten ist. Durch diese Klausel würde einer Handlung eines Dritten (eBay) eine Bedeutung zugemessen werden, ohne dass dieser sie beeinflussen kann. Dies geht meines Erachtens zu weit, auf eine AGB-rechtliche Prüfung kommt es insoweit nicht an.

3.6.2.2. Ausschluss des automatischen Vertragsschlusses

Weitergehend ist die folgende Klausel:

In Abweichung von den eBay-AGB handelt es sich lediglich um ein unverbindliches Angebot. Die Annahme oder Ablehnung des Höchstgebotes erfolgt durch mich innerhalb von 24 Stunden nach Abschluss der Auktion per E-Mail.

Durch diese Konstruktion soll der Vertragsschluss vollständig in das Ermessen des Verkäufers gestellt werden. Weder der Höchstbieter noch eBay als Veranstalter hätten dann einen Einfluss hierauf. Da hierdurch ganz erheblich vom Grundprinzip der eBay-AGB abgewichen wird, muss überprüft werden, ob dies so zulässig ist. Jedenfalls aus den §§ 308, 309 BGB ergeben sich auch hier keine Unwirksamkeitsgründe, so dass erneut auf die Grundnorm des § 307 Abs. 1 S. 1 BGB zurückgegriffen werden muss.

Eine unangemessene Benachteiligung könnte darin zu sehen sein, dass möglicherweise von einem wesentlichen Grundgedanken der gesetzlichen Regelung, hier von § 156 BGB, abgewichen wird. Zwar besteht auch bei einer „realen" Auktion grdsl. die Möglichkeit, dass ein Vertragsschluss mit dem Höchstbieter nicht zustande kommt. Allerdings hat hierauf der Verkäufer selbst nur einen eingeschränkten Einfluss, da die Verweigerung des Zuschlages von einem Dritten, dem Auktionator, erfolgt. Dieser hat als solcher sowohl die Interessen des Verkäufers als auch des Höchstbieters zu vertreten. Dies ist selbstverständlich dann nicht der Fall, wenn der Verkäufer selbst den Vertragsschluss verweigert. Insoweit kann man tatsächlich davon sprechen, dass eine ausreichende Abweichung vom gesetzlichen Leitbild des § 156 BGB gegeben ist und eine solche Klausel folglich wegen § 307 Abs. 1 S. 1 i. V. m. Abs. 2 Nr. 1 BGB unwirksam ist.

3.6.2.3. Ausschluss bestimmter Bieter

Weit verbreitet ist es, bestimmte Bieter von den Auktionen auszuschließen, da der Verkäufer mit diesen nicht kontrahieren möchte. Besondere Bedeutung hat dabei das interne Bewertungssystem der Plattformen. Eine solche Klausel könnte beispielsweise lauten:

Von dem Angebot ausgeschlossen sind Bieter mit weniger als 10 Bewertungen oder einem Anteil an positiven Bewertungen von weniger als 90 %.

Ziel dieser Klausel ist es, von vornherein unzuverlässige oder jedenfalls unsichere Vertragspartner auszuschließen. Diese Notwendigkeit ergibt sich, da in der Regel ein automatischer Vertragsschluss mit dem Höchstbieter gegeben ist und so der Verkäufer gegenüber unsicheren Vertragspartnern keinen Schutz hat. Er ist gezwungen, selbst mit Bietern zu kontrahieren, welche sich in der Vergangenheit als unzuverlässig erwiesen haben und trägt damit die erhebliche Gefahr, dass der Bieter den Vertrag nicht erfüllt.

Die Einfügung einer solchen Klausel hat zur Folge, dass sich das Angebot ausdrücklich an die genannte Bietergruppe nicht richtet. Sollte nun ein Bieter mit weniger als 10 Bewertungen für den

Artikel ein Gebot abgeben, so wäre dieses nicht wirksam, da ein Dissenz über die möglichen Vertragspartner besteht. Der Verkäufer hätte folglich die Möglichkeit, dieses aus dem System zu löschen.[146] Problematisch ist allerdings, dass durch dieses Übergebot trotzdem das vorhergehende Gebot (und so auch alle vorhergehenden) erloschen ist, so dass die Auktion faktisch wieder bei ihrem Anfangsgebot anfangen müsste. Dies wird allerdings im eBay-System nicht dargestellt.

Gegen eine solche Klausel bestehen grundsätzlich auch keine AGB-rechtlichen Bedenken, da es dem Verkäufer möglich sein muss, sich bei dieser Form des Vertragsschlusses zu schützen. Insofern ist die Benachteiligung dieser Bieter jedenfalls nicht unangemessen. Allerdings dürfen die an die Bieter gestellten Bedingungen nicht zu hoch sein, da sich der Verkäufer sonst so faktisch aus nahezu jeder Vertragsbindung lösen könnte. Dies muss allerdings jeweils am Einzelfall entschieden werden. So ist bspw. das Fordern einer Mindestanzahl von 100 Bewertungen bei Verkauf eines Gegenstands im Wert von 20 Euro meines Erachtens nicht mehr angemessen, bei einem Luxusgegenstand im Wert von 20.000 Euro dagegen schon.

Eine ebenfalls häufig genutzte Variante bietet die folgende Formulierung:

Bieter mit weniger als 10 Bewertungen oder einem Anteil positiver Bewertungen von weniger als 90 % müssen mir vor Gebotsabgabe eine Email senden und von mir bestätigt werden.

Der Effekt ähnelt dem der vorhergehenden Variante. Auch hier werden Bieter grundsätzlich ausgeschlossen, können aber trotz Nichterfüllung der Bedingungen vom Verkäufer genehmigt wer-

---

[146] Die technischen Möglichkeiten hierfür sind bei eBay gegeben.

den. Die Überlegung hinter dieser Klausel geht zum einen davon aus, dass sog. Spaßbieter, welche auf Artikel bieten ohne die Absicht zu haben, diese zu bezahlen, durch den vorhergehenden Aufwand abgeschreckt werden. Zum anderen soll neu angemeldeten oder wenig aktiven Nutzern trotzdem die Möglichkeit gegeben werden, den Artikel zu erwerben.

Auch diese Klausel ist meines Erachtens nicht zu beanstanden. Im Gegensatz zum oben gesagten ist hier sogar bei sehr hohen Anforderungen grundsätzlich eine unangemessene Benachteiligung i. S. v. § 307 Abs. 1 S. 1 BGB nicht gegeben, da jeder Nutzer die Möglichkeit hat, sich für die Auktion anzumelden. Teilweise verlangen Verkäufer von jedem Bieter eine solche vorherige „Registrierung"[147], vor allem bei Auktionen, welche in den Medien große Aufmerksamkeit erregen und so besonders viele „Spaßbieter" anziehen.[148] Auch dies ist meines Erachtens aufgrund der genannten Erwägungen vertretbar.

---

[147] Zusätzlich zur Registrierung bei der Auktionsplattform. Gelegentlich werden zu diesem Zeitpunkt bereits weitere Mittel der Identifikation, z. B. Kopie des Personalausweises, verlangt.

[148] Solche Auktionen waren in der jüngsten Vergangenheit bspw. die Versteigerungen eines ehemaligen Autos von Papst Benedikt oder der bei der Auslosung zur Fußball-WM genutzten Lose.

4. Wettbewerbs- und Verbraucherschutzrecht bei Internetauktionen

Ein weiteres, für den geschäftsmäßig bzw. gewerblich handelnden Verkäufer nicht zu unterschätzendes, Rechtsgebiet ist das Wettbewerbs- und Verbraucherschutzrecht. Besonders das letztere wird regelmäßig durch europäische Vorgaben erweitert und das unternehmerische Handeln insoweit eingeschränkt.

Die für Internetauktionen wichtigsten Regelungen betreffen das Fernabsatzrecht. Hinzu kommen spezielle Vorschriften des Preisangabenrechts sowie des Verbrauchsgüterkaufs. Bevor allerdings auf den Inhalt dieser speziellen Regelungen eingegangen werden kann, muss eine Abgrenzung zwischen dem privat handelnden Verkäufer, für den diese Regeln nicht gelten, und dem gewerblich bzw. geschäftsmäßig handelnden (unternehmerischen) Verkäufer gefunden werden.

4.1. Abgrenzung zwischen unternehmerischen, geschäftsmäßig handelnden und privaten Verkäufern

Grundsätzlich gelten Verbraucherschutzregeln nur dann, wenn der Verkäufer als Unternehmer (§ 14 Abs. 1 BGB) handelt. Das Wettbewerbsrecht stellt hingegen regelmäßig auf den weiterführenden Begriff des geschäftsmäßigen Handelns[149] bzw. auf das Handeln zugunsten eines eigenen oder fremden Unternehmens[150] ab.

---

[149] So z. B. § 1 Abs. 1. S. 1 PAngV.
[150] Vgl. § 2 Abs. 1 Nr. 1 UWG.

4.1.1. Unternehmer

Unternehmer ist eine Person, „die bei Abschluss eines Rechtsgeschäfts in Ausübung ihrer gewerblichen oder selbständigen beruflichen Tätigkeit handelt", § 14 Abs. 1 BGB. Hierunter fallen sowohl juristische als auch natürliche Personen ebenso wie die rechtsfähigen Personengesellschaften (§ 14 Abs. 2 BGB). Dies bedeutet im Umkehrschluss, dass sämtliche Rechtsgeschäfte im Rahmen der Privatsphäre kein unternehmerisches Handeln darstellen.

Zur selbständigen beruflichen Tätigkeit gehört insbesondere die Ausübung der freien Berufe (Ärzte, Rechtsanwälte etc.), welche im deutschen Recht aus dem Gewerbebegriff ausgeklammert sind.[151] Nicht erfasst sind nicht-selbständig Tätige, also vor allem Arbeitnehmer.[152]

Die Definition des Unternehmers in § 14 BGB ist insbesondere immer im Verhältnis zu den Verbraucherverträgen zu sehen, für welche diese Definition geschaffen wurde. Sie soll ein Ausdruck des typischen wirtschaftlichen Ungleichgewichts zwischen Verbraucher und Unternehmer sein.[153]

Zur Abgrenzung der gewerblichen Tätigkeit wird auf die handelsrechtliche Begriffsdefinition des § 1 Abs. 2 HGB zurückgegriffen.[154] Danach ist eine Tätigkeit dann gewerblich, wenn sie planvoll, dauerhaft, selbständig und wirtschaftlich ist. Das Merkmal der Selbständigkeit dient der Abgrenzung der Tätigkeit von Arbeitnehmern. Diese sind folglich, wenn sie für das sie anstellende Un-

---

[151] *Micklitz-MüKo*, § 14 Rn. 24.
[152] *Micklitz-MüKo*, § 14 Rn. 24.
[153] Micklitz-MüKo, § 14 Rn. 13.
[154] *Micklitz-MüKo*, § 14 Rn. 12.

ternehmen tätig sind, selbst keine Unternehmer.[155] Für die Wirtschaftlichkeit ist keine Gewinnerzielungsabsicht notwendig, es genügt die Entgeltlichkeit der Tätigkeit.[156] Verbraucherschutzregeln gelten insoweit also nicht gegenüber unentgeltlich tätigen Unternehmen, welche allerdings eher eine Ausnahme darstellen und im Bereich der Internetauktionen keine Bedeutung haben.

Am schwierigsten und relevantesten ist die Notwendigkeit der planvollen, dauerhaften Tätigkeit.[157] Sie dient insbesondere der Abgrenzung zu rein privaten Geschäften. Planvoll und dauerhaft ist die Tätigkeit dann, wenn sie nicht nur gelegentlich ausgeübt wird und „ein gewisser organisatorischer Mindestaufwand" betrieben wird.[158] So ist bspw. die Veräußerung von mehreren Gegenständen im Rahmen einer Entrümpelung, eines Flohmarktes oder eben auch einer Internetauktion grdsl. nur ein einzelnes Geschäft, wenn hier keine regelmäßige Wiederholung angestrebt ist. Dabei ist im Einzelfall zu entscheiden, ab wann eine solche regelmäßige Wiederholung gegeben ist.

Die Literatur plädiert bei Internetauktionen im Hinblick auf die faktische Unmöglichkeit für den Verbraucher, dem Vertragspartner die Unternehmereigenschaft absolut nachzuweisen, nahezu geschlossen für die Anwendung von Indizienbeweisen.[159] Dies gilt insbesondere für die Fälle, in denen sich Unternehmer bewusst oder aus Unwissenheit als Privatverkäufer ausgeben.[160] Sehr ausführlich stellen dabei *Szczesny/Holthusen* mögliche Anhaltspunk-

---

155 *Micklitz-MüKo*, § 14 Rn. 15.
156 *Micklitz-MüKo*, § 14 Rn. 17.
157 Borges, DB 2005, 319 (325).
158 *Micklitz-MüKo*, § 14 Rn. 13.
159 Mankowski, VuR 2004, 79 (80 f.); Kaestner/Tews, WRP 2004, 391 (392); Szczesny/Holthusen, K & R 2005, 302 (304); Mankowski, JZ 2005, 444 (450); Spindler, MMR 2005, 40 (44).
160 Szczesny/Holthusen, K & R 2005, 302 (303).

te für eine entsprechende Beweisführung dar. Dabei differenzieren sie zwischen der Häufigkeit der Veräußerung von Neuwaren, gleichartigen Waren oder unterschiedlichen Waren.[161] Sie kommen zum Ergebnis, dass der Verkauf von 50 neuwertigen Gegenständen, 100 gleichartigen Gegenständen bzw. 150 unterschiedlichen Gegenständen, jeweils bezogen auf ein Jahr, die Unternehmereigenschaft indiziert.[162] Dem (vermeintlichen) Unternehmer würde in diesen Fällen weiterhin die Möglichkeit verbleiben, den Indizienbeweis zu erschüttern.[163] Grundsätzlich kann der Kategorisierung zugestimmt werden. Zwar erscheint die quantitative Bewertung willkürlich. Dies liegt jedoch in der Natur solcher pauschalen Werte. Jedenfalls darf für diese quantitative Bewertung nicht lediglich auf die Anzahl der Bewertungen abgestellt werden, da diese sowohl für Käufe als auch für Verkäufe erteilt werden.

Neben der Anzahl der getätigten Verkäufe möchten *Szczesny/Holthusen* auch auf die Höhe der getätigten Umsätze abstellen. So sehen sie bei einem durchschnittlichen Monatsumsatz von 1.000 Euro, bezogen auf drei Monate, bereits ein unternehmerisches Handeln.[164] Warum allerdings die Höhe der Umsätze Hinweise auf eine planvolle und dauerhafte Tätigkeit geben soll, vermögen sie nicht zu begründen. Es ist auch nicht ersichtlich, warum die Höhe des Umsatzes ein Indiz hierfür sein soll. Es kann folglich hierauf auch nicht ankommen.

---

[161] Szczesny/Holthusen, K & R 2005, 302 (305).
[162] Szczesny/Holthusen, K & R 2005, 302 (308).
[163] Szczesny/Holthusen, K & R 2005, 302 (304). Als Beispiele werden an dieser Stelle die Veräußerung einer Erbschaft oder die Auflösung einer Sammlung genannt.
[164] Szczesny/Holthusen, K & R 2005, 302 (306).

Auch die Rechtsprechung hat sich u. a. im Rahmen von fernabsatzrechtlichen Fragen mit der Dauerhaftigkeit und somit auch
mit der Abgrenzung von privaten und unternehmerischen Verkäufern befasst. So führte das AG Detmold aus, dass allein die
Tatsache, dass eine Person regelmäßig Waren über eBay anbietet und hierfür AGB verwendet, noch nicht zwangsläufig eine
dauerhafte und planmäßige Tätigkeit darstellt.[165] Anders entschied dies das LG Berlin, welches bei 39 Transaktionen (Käufe
und Verkäufe) über einen Zeitraum von fünf Monaten bereits Tä-
tigkeiten außerhalb des im privaten Verkehrs Üblichen sah.[166]
Zum selben Ergebnis kam das LG Hamburg im Fall eines Verkäufers, der innerhalb zweier Tage 17 verschiedene Parfümimitate
mit identischem Anfangspreis und nahezu identischer Angebotsbeschreibung zum Verkauf anbot.[167] Und auch das OLG Frank-
furt/M. sah im Verkauf von mehr als 40 neuen bzw. neuwertigen
Büchern über einen Zeitraum von etwa zwei Monaten eine gewerbliche Tätigkeit.[168]

Wie sich aus dieser unvollständigen Auflistung ergibt, ist eine pauschale Beurteilung schwer möglich. Vielmehr muss auf den jeweiligen Einzelfall abgestellt werden. Zur Beweiserleichterung muss
man allerdings auf entsprechende Indizien zurückgreifen können,
insbesondere auf die Häufigkeit der Verkäufe. Meines Erachtens
ist, um von einer unternehmerischen Tätigkeit ausgehen zu können, der Verkauf von gleichartigen Waren über einen gewissen
Zeitraum, jedenfalls länger als drei Monate, notwendig. Ein kürze-
rer Zeitraum sollte nur dann beachtlich sein, wenn sich aus den
Umständen ergibt, dass auch zukünftig weitere Verkäufe geplant

---

[165] AG Detmold, CR 2004, 859.
[166] LG Berlin, CR 2002, 371 (372).
[167] LG Hamburg, MMR 2005, 326 (327).
[168] OLG Frankfurt, NJW 2004, 2098 (2099).

sind. Dabei ist auf den Verbraucherhorizont abzustellen, d. h. dieser muss erkennen können, dass es sich gerade nicht um eine unternehmerische Tätigkeit handelt.[169] Im Hinblick auf die Anzahl der in diesem oder einem längeren Zeitraum getätigten Verkäufe kann für eine erste Einordnung auf die oben genannten Richtwerte von *Szczesny/Holthusen* verwiesen werden. Auf eine entsprechende (möglicherweise falsche) Aussage, mit welcher sich der Verkäufer als Privatverkäufer darstellt, kann es dabei selbstverständlich nicht ankommen.

Nicht zu vernachlässigen ist die Indizienwirkung des Bewertungssystems der Auktionsplattform. Aus diesem lässt sich nicht nur die Anzahl der bisherigen Transaktionen erkennen, sondern über eine Verlinkung können die in den letzten 90 Tagen gekauften und verkauften Artikel betrachtet werden. Ergibt sich aus diesen Informationen, dass der Verkäufer in diesem Zeitraum wiederholt gleichartige Waren verkauft hat, deutet dies auf unternehmerisches Handeln hin.[170]

In diesem Zusammenhang sind auch die sog. Powerseller zu erwähnen. Diese bekommen von eBay bei Erfüllung bestimmter Voraussetzungen, u. a. einer bestimmten Anzahl von Transaktionen in einem Zeitraum, diesen Status verliehen. Mit diesem sollen sie als besonders vertrauenswürdige Verkäufer dargestellt werden. Der Status als Powerseller indiziert in jedem Fall eine Unternehmereigenschaft. Der Powerseller kann insoweit nur seinerseits versuchen nachzuweisen, dass er kein Unternehmer ist. Die Beweislast wird insoweit umgekehrt.[171]

---

[169] Borges, DB 2005, 319 (326).
[170] Schulze, S. 71; Mankowski, JZ 2005, 444 (452).
[171] OLG Koblenz, K & R 2006, 48.

Schließlich muss auch ein gewisser organisatorischer Aufwand zu erkennen sein. Anzeichen hierfür ergeben sich bspw. aus identischen oder nahezu identischen Auktionsbeschreibungen. Ebenfalls kann die Nutzung externer Abwicklungssysteme darauf hindeuten, insbesondere wenn diese nur entgeltlich zur Verfügung stehen.

4.1.2. Existenzgründer

In den §§ 13, 14 BGB nicht eindeutig geregelt ist die Rolle der Existenzgründer. Dieser füllt bei allen Handlungen, die der Gründung seines Unternehmens dienen, einen Zwischentypus aus, da er noch nicht eindeutig als Unternehmer auftritt und ihm in der Gründungsphase i. d. R. auch noch eine gewisse wirtschaftliche Unterlegenheit gegenüber einem „echten" Unternehmer zugestanden werden muss, auf der anderen Seite aber auch nicht mehr eindeutig Verbraucher ist, da er Geschäfte für sein (zukünftiges) Unternehmen tätigt. Für eine Einordnung des Existenzgründers als Unternehmer spricht, dass der Gesetzgeber in § 507 BGB diese ausdrücklich dem Verbraucher gleichstellt. Hieraus lässt sich meines Erachtens ableiten, dass Existenzgründer grundsätzlich nicht unter den Verbraucherbegriff des § 13 BGB fallen sollen.[172] Anderenfalls wäre eine solche Gleichstellung nicht notwendig.[173] Weiterhin spricht für eine solche Einordnung, dass der Existenzgründer des speziellen Verbraucherschutzes nicht mehr bedarf. Er hat sich im Rahmen seiner Gründungsentscheidung insbesondere auch mit den vielfältigen rechtlichen Fragen und Problemstellung auseinanderzusetzen.

---

[172] Anders: Prasse, MDR 2005, 961 (963).
[173] Vgl. OLG Düsseldorf, NJW 2004, 3192 (3193); Anders: *Heinrichs*-Palandt, § 13 Rn. 3 m. w. N., im Ergebnis auch *Micklitz*-MüKo, § 13 Rn. 41.

Insoweit erscheint die Begründung von *Micklitz*[174] wenig überzeugend. Dieser geht offensichtlich davon aus, dass ein Verbraucher ohne die „notwendige Geschäftskompetenz" und aus „eher häuslichen Aktivitäten" heraus ein Geschäft aufbauen will.[175] Ähnlich äußert sich *Prasse*, welcher bei einem Franchisenehmer davon ausgeht, dass dieser „in aller Regel erst nach Abschluss des Franchisevertrages durch den Know-how-Transfer, den der Franchisegeber schuldet", unternehmerisches Know-how erhält.[176] Davon abgesehen, dass meines Erachtens weltfremd ist, zu erwarten, dass ein Verbraucher ohne wirtschaftliche Kenntnisse „einfach so" ein Geschäft eröffnet, wäre ihm ein solches Verhalten zuzurechnen, so dass eine grundsätzliche Schutzwürdigkeit nicht mehr gegeben ist. Es kann insoweit nicht auf die tatsächlichen subjektiven Kenntnisse des Existenzgründers ankommen.[177] Wer als Unternehmer auftritt, und dies macht der Existenzgründer in der Regel, muss auch als Unternehmer behandelt werden.[178] Eine Ausnahme wäre lediglich in den Fällen zu sehen, in welchen ein Verbraucher geradezu zum Unternehmer „überrumpelt" wird. Dies könnte bspw. dann der Fall sein, wenn ein Verbraucher in einer „Haustürsituation" einen Franchisevertrag unterschreibt.[179] Im Rahmen von Internetauktionen scheint eine solche Anwendbarkeit nicht möglich, da es inbesondere aufgrund der Laufzeit der Auktionen an einer Überrumpelungssituation fehlt.

Weyer möchte an dieser Stelle je nach anzuwendender Norm differenzieren, ob der Existenzgründer als Unternehmer anzuse-

---

[174] *Micklitz*-MüKo, § 13 Rn. 41.
[175] *Micklitz*-MüKo, § 13 Rn. 41.
[176] Prasse, MDR 2005, 961 (963).
[177] *Micklitz*-MüKo, § 13 Rn. 41.
[178] OLG Düsseldorf, NJW 2004, 3192 (3193).

hen ist.[180] So bejaht er dies im Rahmen von § 288 Abs. 2 BGB, verneint es auf der anderen Seite bei § 310 Abs. 1 BGB. Aus den bereits genannten Erwägungen ist dem allerdings nicht zuzustimmen. Insbesondere spricht die systematische Anordnung des Unternehmerbegriffs im Allgemeinen Teil dafür, dass dieser – wenn nicht ausdrücklich etwas anderes bestimmt ist – für alle Vorschriften gleichartig zu werten ist.

Im Rahmen einer zivilprozessrechtlichen Fragestellung (§ 1031 Abs. 5 S. 1 ZPO) kam schließlich auch der *BGH* zu der Erkenntnis, dass Existenzgründer als Unternehmer zu behandeln sind.[181] Der *BGH* ging dabei davon aus, dass demjenigen kein Verbraucherschutz gewährt werden könne, „der sich für eine bestimmte gewerbliche oder selbstständige berufliche Tätigkeit entschieden hat und diese vorbereitende oder unmittelbar eröffnende Geschäfte abschließt."[182]

Im Ergebnis sind folglich Existenzgründer ebenfalls als Unternehmer zu behandeln.

4.1.3. Geschäftsmäßiges Handeln

Der Begriff des geschäftsmäßigen Handelns wird z. B. in der Preisangabenverordnung[183] verwandt, um eine Abgrenzung zum privaten Handeln und eine Erweiterung zum gewerblichen Handeln zu treffen. Allerdings wird er dort nicht definiert. Nach einhelliger Meinung in der Literatur entspricht der Begriff der Definition der

---

179   Vgl. Prasse, MDR 2005, 961 (962).
180   Weyer, WM 2005, 490 (499).
181   BGH, NJW 2005, 1273 (1274).
182   Ebenda.
183   § 1 Abs. 1 S. 1 PAngV.

Wettbewerbshandlung aus § 2 Abs. 1 Nr. 1 UWG.[184] Insoweit werden diese Begriffe auch in der vorliegenden Arbeit gleichgestellt.

Ein geschäftsmäßiges Handeln ist danach die Handlung einer Person mit dem Ziel, zugunsten des eigenen oder eines fremden Unternehmens den Absatz oder den Bezug von Waren oder Dienstleistungen zu fördern.

Auch hier erfolgt zunächst eine Abgrenzung zum rein privaten Handeln, welches keinen Unternehmensbezug aufweist. Dabei ist der Unternehmensbegriff zwar nicht identisch mit dem des Unternehmers gem. § 14 BGB[185], zur Abgrenzung kann allerdings im Wesentlichen auf die bereits unter Pkt. 1 dargestellten Merkmale zurückgegriffen werden. Denn nur dort, wo ein Unternehmer als Inhaber existiert, kann es auch ein Unternehmen geben. Die Unterscheidung wird insoweit relevant, als für ein geschäftsmäßiges Handeln nicht das Handeln eines Unternehmers, also des Inhabers, notwendig ist. So ist auch das Handeln des Geschäftsführers einer GmbH geschäftsmäßiges Handeln (für ein fremdes Unternehmen), obwohl dieser nicht Unternehmer ist.[186]

Der Begriff des Handelns ist grundsätzlich weit zu fassen, ebenso die Förderung des Absatzes oder Bezugs von Waren oder Dienstleistungen. Lediglich nicht steuerbare Handlungen (z. B. Reflexe) sowie nicht pflichtwidriges Unterlassen, welche allerdings im Wettbewerbsrecht eher Ausnahmen darstellen, fallen nicht unter den Handlungsbegriff.[187] Mangels Wettbewerbsförderung scheiden ebenfalls solche Handlungen aus, die weder unmittelbar

---

[184] *Köhler*-Baumbach/Hefermehl, Vorb PAngV Rn. 13; Götting, § 8 Rn. 56.
[185] Unternehmen ist die Tätigkeit und Organisation, Unternehmer ist der Inhaber des Unternehmens; vgl. *Köhler*-Baumbach/Hefermehl, § 2 UWG Rn. 7.
[186] *Köhler*-Baumbach/Hefermehl, § 2 UWG Rn. 7.
[187] *Köhler*-Baumbach/Hefermehl, § 2 UWG Rn. 5.

noch mittelbar zur Förderung des Absatzes bzw. Bezugs geeignet sind.[188] Eine zumindest mittelbare Förderung ist allerdings bei nahezu jeder unternehmensbezogenen Handlung gegeben, so dass dieses Merkmals ebenfalls eine eher untergeordnete Bedeutung hat. Wichtiger ist insoweit der subjektive Tatbestand der Wettbewerbsförderungsabsicht. Anderenfalls würde z. B. jede wissenschaftliche Publikation, die sich auf ein Unternehmen bezieht, eine Wettbewerbshandlung darstellen.[189] Weiterhin spricht § 2 Abs. 1 Nr. 1 UWG ausdrücklich von dem *Ziel* der Förderung, was die Notwendigkeit der subjektiven Absicht herausstellt. Für eine ausführlichere Darstellung verbleibt im Rahmen dieser Arbeit insoweit kein Raum, zumal die hier zu behandelnden Wettbewerbshandlungen ohne Zweifel die subjektive Förderungsabsicht enthalten.

4.2. Fernabsatzrechtliche Regelungen

Besondere verbraucherschutzrechtliche Bedeutung bei Internetauktionen haben die Regelungen des Fernabsatzrechts. Diese Regelungen basieren im Wesentlichen auf der Fernabsatz-Richtlinie.[190] Dabei hat der deutsche Gesetzgeber diese zum Teil noch verschärft, auf die konkreten Beispiele wird an gegebener Stelle eingegangen.

Die Regelungen des Fernabsatzrechts gelten grdsl. für alle Verträge über die Lieferung von Waren oder Erbringung von Dienstleistungen von Unternehmern an Verbraucher, welche unter aus-

---

188 *Köhler*-Baumbach/Hefermehl, § 2 UWG Rn. 23.
189 *Köhler*-Baumbach/Hefermehl, § 2 UWG Rn. 24; A. A. Götting, § 5 Rn. 11.
190 Richtlinie 97/7/EG des Europäischen Parlaments und Rats vom 20.05.1997 über den Verbraucherschutz bei Vertragsabschlüssen im Fernabsatz, ABI. EG Nr. L 144, S. 19; abgedruckt in MüKo, Vor § 1 FernAbsG Rn. 49.

schließlicher Verwendung von Fernkommunikationsmitteln geschlossen werden, § 312b Abs. 1 S. 1 BGB. Dabei genügt es bei allen vorvertraglichen Vorschriften bereits, dass die Möglichkeit besteht, dass ein Verbraucher Vertragspartner werden kann. Ein Ausschluss ist für den unternehmerischen Verkäufer daher nur dann möglich, wenn sich sein Angebot ausdrücklich ausschließlich an unternehmerische Abnehmer richtet. Verträge bei Internetauktionen fallen i. d. R. immer unter die Regelungen des Fernabsatzrechts. Ausnahmen sind, neben dem bereits erwähnten Ausschluss von Verbrauchern, lediglich für vertragliche Pflichten vorstellbar, bspw. wenn der Käufer die Ware vor Vertragsschluss bereits besichtigt hat.[191] In diesem Fall wäre keine ausschließliche Verwendung von Fernkommunikationsmitteln gegeben, der Käufer ist durch die persönliche Augenscheinnahme der Ware auch nicht mehr über die Regelungen des Kaufrechts hinaus besonders schutzwürdig. Dies entbindet den Verkäufer selbstverständlich nicht von den vorvertraglichen Informationspflichten.

4.2.1. Vorvertragliche Informationspflichten

Die vorvertraglichen Informationspflichten ergeben sich aus § 312c Abs. 1 S. 1 BGB i. V. m. § 1 Abs. 1 BGB-InfoV. Für Internetauktionen sind die folgenden Angaben relevant:

1. Identität des Unternehmers

2. ladungsfähige Anschrift des Unternehmers

3. wesentliche Merkmale der Ware oder Dienstleistung

4. Informationen, wie der Vertrag zustande kommt

---

[191] Dies geschieht gelegentlich bei größeren Artikeln wie PKW.

5. Gesamtpreis sowie ggf. anfallende Liefer- und Versandkosten

6. Einzelheiten zur Zahlung und Lieferung/Erfüllung

7. das Bestehen eines Widerrufs- oder Rückgaberechts

Die Angaben müssen klar und verständlich und „in einer dem eingesetzten Fernkommunikationsmittel entsprechenden Weise" zur Verfügung gestellt werden, § 312c Abs. 1 S. 1 BGB. Für Internetversteigerungen bedeutet dies, dass die Informationen auch über das Internet abrufbar sein müssen. Weiterhin muss über den geschäftlichen Zweck, also das Handeln als Unternehmer, informiert werden.

Ähnlich wie bereits in Kap. B.V.2. hinsichtlich der Abweichung von den Betreiber-AGB ausgeführt, können die Angaben direkt in die Auktionsbeschreibung, auf der „Mich"-Seite oder auf einer externen Webseite angegeben werden. Auch hier muss, wenn die Information nicht direkt in der Auktionsbeschreibung erfolgt, in dieser zumindest auf die externen Links deutlich hingewiesen werden.[192]

4.2.1.1. Informationen zum Unternehmer

Hierunter fällt neben dem Namen des Unternehmers insbesondere die ladungsfähige Anschrift sowie ggf. die Benennung eines gesetzlichen Vertreters. Eine Postfachanschrift genügt hierfür nicht. Eine Verpflichtung zur Angabe von Telefonnummer, Email- oder Internetadresse ergibt sich aus dem Gesetz nicht. Warum sich eine entsprechende Pflicht aus § 242 BGB ergeben soll, ist nicht ersichtlich.[193] Allerdings besteht im eBay-System in jedem Fall die Möglichkeit der Versendung einer Email an den Verkäu-

---

[192] Vgl. im Hinblick auf die „Mich"-Seite OLG Hamm, NJW 2005, 2319.

fer durch einen Klick auf den entsprechenden Link. Daher ist es auch nicht nötig, dass der Verkäufer seine Email-Adresse veröffentlicht.

4.2.1.2. Informationen zur Ware bzw. Dienstleistung

Es wird verlangt, dass Informationen über die wesentlichen Merkmale der Ware gegeben werden. Dies sollte ihm Rahmen der Auktionsbeschreibung eine Selbstverständlichkeit sein. Anzugeben sind die technischen Daten oder sonstigen Parameter, die die Kaufentscheidung des Verbrauchers beeinflussen können (Größe, Farbe, Leistung). Der Umfang der anzugebenden wesentlichen Merkmale variiert selbstverständlich, je nachdem, welche Produkte angeboten werden. Der Verbraucher muss in der Lage sein, die angebotene Ware anhand der angegebenen Merkmale mit anderen Artikeln vergleichen zu können und seine Kaufentscheidung zu treffen.[194]

4.2.1.3. Informationen zum Vertragsschluss

Weiterhin muss der Unternehmer angeben, wie seiner Meinung nach der Vertrag schließlich zustande kommt, d. h. in welcher Form die Annahmeerklärung abgegeben wird. Dies ist meines Erachtens allerdings bei Internetauktionen entbehrlich, wenn nicht von den Grundsätzen der jeweiligen Betreiber-AGB abgewichen werden soll. Denn diese Angaben, welche durch den Verbraucher bei der Registrierung zur Kenntnis genommen werden müssen, ersetzen die Verpflichtung für den Unternehmer aus § 1 Abs. 1 Nr. 4 BGB-InfoV.[195]

---

[193] So aber ohne Begründung *Grüneberg*-Palandt, § 1 BGB-InfoV Rn. 2.
[194] Woitke, BB 2003, 2469 (2470).
[195] Kaestner/Tews, WRP 2004, 391 (398)

4.2.1.4. Informationen zum Preis sowie Liefer- und Versandkosten

Gem. § 1 Abs. 1 Nr. 8 BGB-InfoV muss der Unternehmer die zusätzlich anfallenden Liefer- und Versandkosten genau angeben sowie auf eventuelle weitere Kosten (z. B. Einfuhrumsatzsteuer) zumindest hinweisen. Dies dürfte bei Internetauktionen problemlos sein, da in der Regel immer nur ein Artikel angeboten wird und die Versandkosten hierfür bekannt sind. Für die Angabe der Versandkosten gibt es bei eBay zudem ein separates Eingabefeld, in welchem auch je nach Zielland und gewünschter Versandart verschiedene Kosten angegeben werden können.

Gem. § 1 Abs. 1 Nr. 7 BGB-InfoV muss weiterhin entweder über einen Endpreis oder die Grundlage für die Preisberechnung informiert werden. Die Angabe eines Endpreises ist bei Versteigerungen naturgemäß nicht möglich, da sich dieser ja gerade erst im Laufe der Versteigerung durch das gegenseitige Überbieten bildet. Insoweit verbleibt dem Unternehmer hier nur die zweite Alternative, nämlich die Information über die Grundlage der Preisberechnung. Der Unternehmer muss insoweit über das Anfangsgebot als Ausgangspreis, über die Dauer der Annahmefrist, evtl. über die Höhe der Bietschritte sowie über enthaltene oder noch hinzuzurechnende Preisbestandteile informieren. Eine Information über den konkreten Ablauf der Auktion kann auch hier entfallen, da diese bereits im Rahmen der AGB durch den Betreiber der Internetauktionsplattform abgegeben wurde.

Im folgenden Kap. III werden die Fragen zur Preisangabe auch im Hinblick auf weitere relevante Vorschriften noch konkretisiert.

4.2.1.5. Zahlungs- und Lieferungsbedingungen

Der Verbraucher muss wissen, wie er die Zahlungen zu leisten hat. Es genügt hier, wenn die grundsätzliche Zahlungsart vor Vertragsabschluss bekannt ist, also ob per Vorkasse, Rechnung oder Nachnahme, ggf. auch E-Payment, gezahlt wird und wann die Zahlung fällig ist. Eine Angabe der Bankverbindung vor Abschluss des Vertrages ist meines Erachtens nicht notwendig, solange auf die grundsätzliche Möglichkeit der Zahlung durch Überweisung hingewiesen wird.

Weiterhin muss der Unternehmer angeben, wann die Ware geliefert wird. Auch die Art der Lieferung ist anzugeben, z. B. Versand über DHL, DPD oder UPS. Über den Zeitpunkt der Lieferung kann im Regelfall nur ein Näherungswert angegeben werden.

Auch für diese Informationen stellt eBay ein separates Eingabefenster zur Verfügung, die Angaben erscheinen unterhalb der eigentlichen Artikelbeschreibung. Zusätzlich sollten diese allerdings auch in die Artikelbeschreibung selbst mit aufgenommen werden.

4.2.1.6. Informationen über Widerrufs- bzw. Rückgaberecht

Schließlich muss der Unternehmer noch über das Widerrufs- bzw. Rückgaberecht informieren. Dabei muss grundsätzlich erst einmal festgestellt werden, ob ein solches überhaupt existiert. Dagegen spricht insbesondere, dass gem. § 312d Abs. 4 Nr. 5 BGB für Verträge, die in der Form einer Versteigerung (§ 156 BGB) geschlossen wurden, ein Widerrufsrecht nicht gegeben ist. Genauere Ausführungen zu diese Problematik folgen unter Pkt. 4.

Ist ein solches Recht gegeben, muss der Unternehmer zunächst darauf hinweisen, ob ein Widerrufsrecht gem. § 355 BGB oder ein Rückgaberecht gem. § 356 BGB existiert. Der Unternehmer hat hier gem. § 312d Abs. 1 S. 2 BGB ein Wahlrecht. Auf die Unterschiede sowie weitere Fragen zur Ausübung des Widerrufs- und Rückgaberechts wird ebenfalls in Pkt. 4 noch näher eingegangen. Weiterhin muss bereits in diesem Stadium ausführlich über die Einzelheiten der Ausübung des Rechtes informiert werden, insbesondere über die Anschrift, an welche der Widerruf bzw. die rückzusendende Ware gesendet werden muss, sowie die Bedingungen und Rechtsfolgen der Ausübung. Fraglich ist, ob neben der Anschrift bei Internetauktionen auch eine Email-Adresse angegeben werden muss. Aus § 1 Abs. 1 Nr. 10 BGB-InfoV ergibt sich eine Pflicht hierzu nicht unmittelbar. Hinzu kommt, dass – wie erläutert – der Verbraucher über das eBay-System auch nach Abschluss einer Auktion noch Emails direkt an den Unternehmer versenden kann. Dies schließt auch eine Widerrufserklärung ein. Es gibt auch keinen sachlichen Grund, warum der Unternehmer bereits in der vorvertraglichen Phase seine Email-Adresse zusätzlich zu seiner Anschrift angeben soll. Dies gilt zwar auch für die Anschrift des Widerrufs- bzw. Rücksendungsempfängers, allerdings ist hier der Gesetzestext eindeutig, zudem kann eine Anschrift relativ problemlos überprüft werden und dient somit der zusätzlichen Sicherheit der Bieter. Aus dem Vorgenannten ergibt sich insoweit, dass die Angabe einer Email-Adresse in der vorvertraglichen Phase nicht notwendig ist.

4.2.2. Informationspflichten nach Vertragsschluss

Nach Vertragsschluss kommen auf den Unternehmer weitere Informationspflichten zu, welche sich aus § 312c Abs. 2 BGB ergeben. Diese müssen – im Gegensatz zu den vorvertraglichen Pflichten – nunmehr in Textform und spätestens bei Lieferung der Waren an den Verbraucher erfüllt werden, § 312c Abs. 2 S. 1 Nr. 2 BGB. Die Erklärung in Textform muss in einer Weise abgegeben werden, die zur dauerhaften Wiedergabe in Schriftzeichen geeignet ist, § 126b BGB. Hierzu zählen neben der Wiedergabe auf Papier insbesondere auch Emails. Eine Erklärung auf einer Website ist nicht geeignet, da diese durch den Unternehmer nachträglich verändert werden kann und damit nicht zur dauerhaften Wiedergabe geeignet ist.[196] Eine Unterschrift wie bei der Schriftform gem. § 126 BGB ist nicht notwendig.[197] Dabei sind die ladungsfähige Anschrift, die Informationen zum Widerrufs- bzw. Rückgaberecht sowie Kundendienst, Gewährleistungs- und Garantiebedingungen in „hervorgehobener und deutlich gestalteter Form" mitzuteilen, soweit sie nicht separat von den sonstigen Vertragsbedingungen übermittelt werden, § 1 Abs. 4 S. 3 BGB-InfoV.

Der Inhalt der Informationspflichten ergibt sich aus § 1 Abs. 4 S. 1, 3 BGB-InfoV. Insbesondere müssen die vorvertraglichen Informationspflichten komplett wiederholt werden, solange sie nicht bereits vor Vertragsschluss in Textform übermittelt wurden. Dies ist bei Internetversteigerungen i. d. R. nicht der Fall. Eine Ausnahme bildet die Angabe des Endpreises, der nun, nach Abschluss der Versteigerung, bekannt ist und daher genannt werden muss.

Zusätzlich müssen die Informationen über Kundendienst sowie geltende Gewährleistungs- und Garantiebedingungen erteilt werden, § 1 Abs. 4 S. 1 Nr. 3 lit. b) BGB-InfoV. Neben der Anschrift des Kundendienstes müssen hier Service-Hotlines, evtl. im Preis enthaltene Aktualisierungsmöglichkeiten sowie Wartungs- und Instandhaltungsverpflichtungen des Unternehmers genannt sein.

Weiterhin muss der Unternehmer die Bedingungen für die Geltendmachung von Gewährleistungs- oder Garantieansprüchen benennen. Benannt werden müssen hier nur Bedingungen, die von den gesetzlichen Regelungen zu Gunsten oder zu Lasten des

---

[196] *Heinrichs*-Palandt, § 126b Rn. 3.
[197] *Heinrichs*-Palandt, § 126b Rn. 1.

Verbrauchers abweichen.[198] Dies ist auch im Hinblick auf die Transparenz sinnvoll, da sonst die zu gebenden Informationen mit Überflüssigem überfrachtet wären und der Verbraucher die wichtigen – weil vom Gesetz abweichenden – Informationen unter Umständen nicht erkennen könnte.

Andere Ansichten vertreten allerdings die Auffassung, dass neben den vom Gesetzestext abweichenden Bedingungen auch die zutreffenden gesetzlichen Gewährleistungs- und Garantiebedingungen aufgeführt werden müssen.[199] Dies wird damit begründet, dass die BGB-InfoV in diesem Punkt weitergeht als die entsprechende EG-Richtlinie, in welcher ausdrücklich auf die dispositiven Gewährleistungs- und Garantiebedingungen abgestellt wird. Trotzdem sind meines Erachtens die vom Gesetz abweichenden Garantie- und Gewährleistungsbedingungen ausreichend, da es auch dem deutschen Verbraucher zugemutet werden kann, sich über die gesetzlichen Regelungen zu informieren. Im Zweifel sollte allerdings ein Hinweis angefügt werden, dass die Garantie- bzw. Gewährleistungsbedingungen neben oder an Stelle der gesetzlichen Regelungen gelten.

Im Hinblick auf das Textformerfordernis und insbesondere die Pflicht, bestimmte Angaben hervorgehoben darzustellen, stellt sich nun die Frage, wie der Unternehmer am effektivsten die Informationspflichten erfüllen kann. In der Regel versendet der Verkäufer von Waren diese mit einer Rechnung, welche bereits einen Teil der Informationen enthält. Hierzu gehören insbesondere die Identität sowie die Anschrift des Unternehmers, die Bezeichnung der Ware, der Endpreis sowie die Liefer- und Versand-

---

[198] Ende/Klein, S. 182; *Grüneberg*-Palandt, § 1 BGB-InfoV Rn. 22; Aigner/Hofmann, Rn. 333.
[199] *Wendehorst*-MüKo, § 312c Rn. 109.

kosten und schließlich die Zahlungs- und Lieferbedingungen. Dabei sollte auch tatsächlich die ladungsfähige Anschrift und ein gesetzlicher Vertreter angegeben werden. Diese Angaben müssen gem. § 14 Abs. 4 UStG ohnehin auf jeder Rechnung enthalten sein. Die weiteren Angaben sollten auf einem separaten Beiblatt getätigt werden. Eine Übersendung per Email ist zwar möglich, allerdings insoweit nicht empfehlenswert, als insbesondere die Widerrufsbelehrung hervorgehoben dargestellt werden muss. Dies kann bei Emails nicht sichergestellt werden. Zwar sind Emails grundsätzlich formatierbar, allerdings kann diese Formatierung nicht von jedem Programm dargestellt werden. Wenn dies der Fall ist, kann es sogar soweit kommen, dass die Informationen nicht nur nicht mehr hervorgehoben sind, sondern sogar zwischen den als Text dargestellten Programmierbefehlen optisch untergehen. Anders ist dies nur dann zu sehen, wenn die Email lediglich die Widerrufsbelehrung enthält und bereits im Betreff darauf hingewiesen wird. In diesem konkreten Ausnahmefall ist eine hervorgehobene Form nicht erforderlich, § 1 Abs. 4 Nr. 3 BGB-InfoV.

Die Belehrung auf der Rückseite der Rechnung ist ausreichend, selbst wenn auf der Vorderseite kein entsprechender Hinweis vorhanden ist.[200] Allerdings dürfen sich in dem Fall nur die hervorgehoben darzustellenden Informationen an dieser Stelle befinden.

4.2.3. Folgen der Nichterfüllung der Informationspflichten

Gem. § 312d Abs. 2 BGB führt eine Nichterfüllung der vertraglichen Informationspflichten dazu, dass die Frist für das Widerrufs-

---

[200] Grüneberg-Palandt, § 355 Rn. 16. Jedenfalls einen entsprechenden Hinweis auf der Vorderseite verlangen demgegenüber Aigner/Hofmann, Rn. 325.

recht nicht zu laufen beginnt. Dies führt allerdings nicht zu einem unendlichen Widerrufsrecht. Zum einen kann der Unternehmer die Informationen nachholen, zum anderen erlischt das Widerrufsrecht – vorbehaltlich einer wirksamen Widerrufsbelehrung – gem. § 355 Abs. 3 S. 1 BGB sechs Monate nach Vertragsschluss.

Weiterhin handelt es sich bei den Vorschriften des §§ 312c BGB um solche, die auch das Marktverhalten regeln sollen.[201] Ein Verstoß hiergegen stellt folglich eine unlautere Wettbewerbshandlung dar, so dass gem. § 3 i. V. m. § 4 Nr. 11 UWG die Sanktionsmöglichkeiten des UWG gegeben sind.[202]

Die Informationspflichten fallen zudem unter die in § 2 Abs. 2 Nr. 1 UKlaG genannten Verbraucherschutzvorschriften. Bei Zuwiderhandlung gegen solche kann der Verkäufer auf Unterlassung in Anspruch genommen werden, § 2 Abs. 1 S. 1 UKlaG. Klageberechtigt sind gem. § 3 Abs. 1 S. 1 UKlaG insbesondere Verbraucherschutzverbände, Industrie- und Handelskammern und Handwerkskammern.

Schließlich besteht noch die Möglichkeit, Schadenersatzansprüche gem. § 280 Abs. 2 BGB geltend zu machen.[203] Die Bedeutung dieser Ansprüche erscheint mir aber eher untergeordnet, da in den seltensten Fällen gerade aufgrund falscher oder unvollständiger Erfüllung der Informationspflichten ein Schaden entstehen wird.

4.2.4. Widerrufs- und Rückgaberecht

Bevor auf den Inhalt und die Folgen des Widerrufs- bzw. Rückgaberechtes eingegangen wird, müssen an dieser Stelle noch eini-

---

[201] *Grüneberg*-Palandt, Einf BGB-InfoV Rn. 13; Domke, BB 2005, 228 (230).
[202] Vgl. hierzu Kap. 4.7.
[203] *Grüneberg*-Palandt, Einf BGB-InfoV Rn. 8 ff.

ge Anmerkungen zur Geltung im Rahmen von Internetauktionen getätigt werden.

4.2.4.1. Geltung des Widerrufs- und Rückgaberechts bei Internetversteigerungen

Wie bereits ausgeführt, ist gem. § 312d Abs. 4 Nr. 5 BGB das Widerrufsrecht bei Verträgen, die „in Form von Versteigerungen (§ 156 BGB) geschlossen" wurden, ausgeschlossen. Der Gesetzgeber ist durch diese Konkretisierung auf bestimmte Versteigerungsarten bei der Umsetzung der Fernabsatzrichtlinie[204] über die Vorgaben der EU hinausgegangen, welche nicht nur einen Ausschluss des Widerrufsrechts, sondern der gesamten Anwendbarkeit der Richtlinie bei allen Versteigerungen vorgesehen hat.[205] Auch der ursprüngliche Entwurf des Fernabsatzgesetzes sah eine entsprechende Konkretisierung auf § 156 BGB nicht vor. Sie wurde vielmehr erst auf Initiative des Rechtsausschusses[206] in das Gesetz eingefügt.[207]

Der Rechtsausschuss beabsichtigte damit ersichtlich, Versteigerungen mit verbindlichem Vertragsschluss von solchen Verfahren, bei denen der Vertragsschluss im Ermessen des Verkäufers liegt, abzugrenzen.[208] Letztere Varianten wurden vom Rechtsausschuss nicht als Versteigerungen, sondern als „Kauf gegen Höchstgebot" charakterisiert.[209] Der Rechtsausschuss führt insoweit aus, dass bei einem „Kauf gegen Höchstgebot" für den Kunden ein

---

204 Richtlinie 97/7/EG vom 20.05.1997, Abl. EG Nr. L 144, S. 19.
205 Art. 3 Abs. 1 Spiegelstrich 5 der Fernabsatzrichtlinie.
206 BT-Drucks. 14/3195 vom 12.04.2000.
207 Detaillierte Informationen zur Entstehungsgeschichte bei: Schulze, S. 85 f.
208 BT-Drucks. 14/3195 vom 12.04.2000, S. 30; Vgl. u. a. LG Memmingen, NJW 2004, 2389 (2390).
209 BT-Drucks. 14/3195 vom 12.04.2000, S. 30.

erhöhtes Risiko besteht, dass dieser die Ware nicht erhält.[210] Dem sollte das Widerrufsrecht als Ausgleich entgegengehalten werden. Die Abgrenzung zwischen einer Versteigerung und einem Kauf gegen Höchstgebot wurde im Vorhandensein bzw. Fehlen eines Zuschlags gesehen. Ersichtlich hatte der Rechtsausschuss dabei das ricardo-Urteil des *LG Münster*[211] im Blick, welches drei Monate vor Abgabe der Stellungnahme erlassen wurde und seinerzeit für Aufsehen sorgte, da es bei einer Internetauktion eine Verbindlichkeit nicht in jedem Fall vorsah.[212] Dieses Urteil wurde später vom *BGH* in der bereits erwähnten ricardo-Entscheidung[213] revidiert. Dort wurde vielmehr festgestellt, dass gerade bei Internetauktionen ein verbindlicher Vertragsschluss – bei entsprechender üblicher Gestaltung der AGB – die Regel ist.

Daher greift die Abgrenzung des Rechtsausschusses, wie die Ausführungen in Kap. B. zum Vertragsschluss belegen, eindeutig zu kurz. Denn auch ohne Vorhandensein eines Zuschlages hat der Verkäufer im Ergebnis keinerlei Ermessen, ob er mit dem Höchstbieter einen Vertrag schließt oder nicht. Vielmehr erfolgt der Vertragsschluss aufgrund der vorher abgegebenen Willenserklärungen automatisch mit Ablauf der Angebotsfrist. Jedoch sah der Rechtsausschuss genau in diesem vermeintlichen Ermessen des Verkäufers die Notwendigkeit, dem Käufer seinerseits das Widerrufsrecht gegenüberzustellen.[214]

Es ist zwar zweifellos richtig, dass der Verbraucher bei einer Versteigerung über eBay keine Möglichkeit hat, den Artikel vor dem Kauf in Augenschein zu nehmen. Allerdings ist dem entgegenzu-

---

[210] Ebenda.
[211] LG Münster, MMR 2000, 280.
[212] Vgl. hinsichtlich der zeitlichen Einordnung Braun, CR 2005, 113 (114).
[213] BGH, NJW 2002, 363.
[214] *Wendehorst*-MüKo, § 312d Rn. 47.

halten, dass auch bei einer Internetversteigerung, welche den Anforderungen des § 156 BGB genügt, diese Möglichkeit nicht besteht.[215] Für eine solche bspw. online moderierte Versteigerung würde aber ebenso zweifelsfrei ein Widerrufsrecht nicht bestehen. Diese Tatsache ruft allerdings auch Meinungen auf den Plan, welche aus diesem Grund die Ausnahme von Versteigerungen vollständig streichen wollen.[216]

Durch die Einschränkung auf Versteigerungen nach § 156 BGB, also mit Erteilung einer Zuschlags, wird zudem der Sinn und Zweck der Ausnahmeregelung, die für Versteigerungen gelten sollte, ausgehebelt. Grund für die Ausnahmeregelung war insbesondere, dass der typische Bieterwettstreit bei Versteigerungen konterkariert werden würde, wenn sich der Höchstbieter letztlich ohne Begründung aus seiner Abnahmeverpflichtung entziehen könnte.[217] Im Ergebnis wäre dann nämlich nicht nur der Verkäufer sondern auch die unterlegenen Bieter geschädigt.[218] Genau dies ist aber durch die unsaubere Umsetzung der Fernabsatzrichtlinie in deutsches Recht geschehen. Bei nahezu jeder Internetauktion ist es einem Bieter – aus welchen Gründen auch immer – möglich, einen anderen Bieter auszubieten, nur um anschließend den Vertrag zu widerrufen. Es wäre wünschenswert, dass der Gesetzgeber dies erkennt und hier korrigierend eingreift, um sämtliche Versteigerungen mit verbindlichem Vertragsschluss vom Widerrufsrecht auszunehmen.[219]

---

[215] Leible/Wildemann, K & R 2005, 26 (29); Spindler, MMR 2005, 40 (42).
[216] Hoeren/Müller, NJW 2005, 948 (949).
[217] Borges, DB 2005, 319 (320 f.), mit ausführlicher Begründung hinsichtlich der ökonomischen Anreize, das Widerrufsrecht bei Versteigerungen auszuüben. Ebenso Hoffmann, ZIP 2004, 2337 (2339).
[218] Borges, DB 2005, 319 (322).
[219] So auch Paefgen, RIW 2005, 178 (187).

Schließlich ist die Überlegung, „echte" Versteigerungen gerade durch den Zuschlag zu charakterisieren, fehlerhaft. Denn wie bereits ausgeführt hat der Versteigerer keine Verpflichtung, den Zuschlag in jedem Fall zu erteilen, sondern kann – ggf. nach Rücksprache mit dem Anbieter – den Zuschlag verweigern. Ein Verweis auf § 156 BGB sichert insofern gerade nicht automatisch den Vertragsschluss.[220]

Trotz der Einschränkung auf Versteigerungen nach § 156 BGB gab es – im Hinblick auf das Vorgenannte nicht überraschend – lange Streit und Unsicherheit, ob das Widerrufsrecht auf Internetversteigerungen anwendbar ist.[221] Auch die Instanzgerichte kamen zu unterschiedlichen Ergebnissen.[222] Für eBay.de hat letztlich der *BGH* diese Frage zugunsten der Verbraucher entschieden.[223] Dabei orientierte sich der *BGH* zunächst streng am Wortlaut des § 312d Abs. 4 Nr. 5 BGB i. V. m. § 156 BGB. Da § 156 BGB einen Zuschlag erfordert, ein solcher aber bei eBay.de nicht gegeben ist, kann folglich das Widerrufsrecht auch nicht ausgeschlossen sein.[224] Im Rahmen der weiteren Begründung übernimmt der *BGH* kritiklos die Ausführungen des Rechtsausschusses, durch welche der Geltungsbereich der Fernabsatzrichtlinie eingeschränkt wurde.[225] Schließlich wird noch ausgeführt, dass auch der Schutzzweck einer erweiternden Auslegung entgegenstehen würde.

---

[220] Spindler, MMR 2005, 40 (43).
[221] *Wendehorst*-MüKo, § 312d Rn. 45 ff.; Schulze, S. 84 ff.; Ruff, S. 279 f.; Aigner/Hoffmann, Rn. 110; Heiderhoff, MMR 2001, 640; *Hoffmann*-Leible/Sosnitza, Rn. 245. Eine umfangreiche Übersicht findet sich bei Mankowski, JZ 2005, 444 (445 Fn. 1).
[222] Für ein Widerrufsrecht u. a. LG Hof, MMR 2002, 760; AG Kehl, NJW-RR 2003, 1060; LG Memmingen, NJW 2004, 2389; Dagegen: AG Bad Hersfeld, MMR 2004, 500; AG Osterholz-Scharmbeck, ITRB 2003, 239. Eine ausführliche Übersicht ebenfalls bei Mankowski, JZ 2005, 444 (445, Fn. 2).
[223] BGH, NJW 2005, 53.
[224] BGH, NJW 2005, 53 (54).

Dabei konzentriert sich der *BGH* allein auf den Verbraucher-schutz, übersieht auf der anderen Seite aber die Schutzwürdig-keit der anderen Bieter.[226] Insbesondere die auch bei Internetauktionen nicht vorhandene Möglichkeit, den Artikel vor Kauf in Augenschein zu nehmen, soll auch hier für eine Anwendung sprechen.[227]

Ein Teil der Literatur begrüßt das Urteil.[228] *Staudinger/Schmidt-Bendun* hätten sich zwar die Vorlage an den EuGH zur Vorabent-scheidung darüber, ob Versteigerungen in der geschehenen Form in den Geltungsbereich des Fernabsatzrechtes eingeführt werden durften, gewünscht.[229] Jedoch stimmen sie jedenfalls im Ergebnis dem Urteil zu. *Hoeren/Müller* übernehmen gar die Aus-führungen des BGH kritiklos.[230] Ebenso erteilt *Schlegel* dem Urteil „uneingeschränkte Zustimmung" und verweist zur Begründung auf die grundlegenden Unterschiede der verpflichtenden Bin-dung bei einer eBay-Auktion im Gegensatz zur Möglichkeit der Zuschlagsverweigerung bei Versteigerungen gem. § 156 BGB.[231] Dass er mit dieser Begründung gerade die Fehlerhaftigkeit des Ur-teils herausstellt, entgeht ihm allerdings. *Herberger/Geiger* schließlich widmen sich in ihrer Besprechung ausführlich der wört-lichen und systematischen Auslegung des BGH, welche durchaus überzeugen können.[232] Der problematischen teleologischen Aus-

---

[225] BGH, NJW 2005, 53 (54 f.).
[226] BGH, NJW 2005, 53 (56).
[227] BGH, NJW 2005, 53 (55).
[228] Neben den nachfolgend näher besprochenen auch: Richly, JR 2006, 160; Szczesny/Holthusen, K & R 2005, 302 (307).
[229] Staudinger/Schmidt-Bendun, BB 2005, 732 (733).
[230] Hoeren/Müller, NJW 2005, 948, welche in ihren Ausführungen allerdings ein Erkennen der Problematik vermissen lassen.
[231] Schlegel, MDR 2005, 133.
[232] Herberger/Geiger, VuR 2005, 248 f.

legung sind hingegen nur wenige Worte vergönnt, welche sich tatsächlich mit dieser kaum auseinandersetzen.[233]

Ambivalent zeigt sich *Mankowski*, der zwar zum einen ausführt, dass die vom *BGH* vorgebrachten Argumente nicht überzeugen, zum anderen aber ein Widerrufsrecht trotzdem zu befürworten scheint.[234]

Jedoch gibt es auch Widerspruch. So führt *Borges* aus, dass es hinsichtlich des Widerrufsrechts nicht auf eine Differenzierung zwischen „echten" und „unechten" Versteigerungen ankommen kann. Zudem kritisierte er die „Mystifizierung", die der *BGH* dem Zuschlag als dispositiver Norm zukommen lässt, welche am Ende doch nur eine Konstruktion von Angebot und Annahme darstelle. Aus dem Sinn und Zweck der grundsätzlichen Ausnahmeregelung für Versteigerungen in der Fernabsatzrichtlinie ergäbe sich, dass ein Widerrufsrecht für Versteigerungen grundsätzlich ausgeschlossen sein müsse.[235]

Hoffmann stellt dahingegen zum einen gerade auf die Unsicherheit des Zuschlags ab, zum anderen begründet er seine Kritik an dem Urteil mit den Ausführungen des Rechtsausschusses, dem es vor allem auf die Endgültigkeit des Vertragsschlusses ankam.[236] In diesem Zusammenhang stellt auch *Braun* den Widerspruch zwischen dem gesetzgeberischen Willen und dem Urteil des BGH deutlich dar.[237] Ebenso geht *Goldmann* davon aus, dass die Einschränkung auf Versteigerungen nach § 156 BGB lediglich ver-

---

[233] Herberger/Geiger, VuR 2005, 248 (249).
[234] Mankowski, JZ 2005, 444 (453).
[235] Borges, DB 2005, 319 (323). Ebenso Braun, CR 2005, 113 (115); Spindler, MMR 2005, 40.
[236] Hoffmann, ZIP 2004, 2337 (2338). So auch Paefgen, RIW 2005, 178 (182); Leible/Wildemann, K & R 2005, 26 (29); Spindler, MMR 2005, 40 (41).
[237] Braun, CR 2005, 113 (115).

bindliche von unverbindlichen Abschlussformen abgrenzen soll-te.[238] Dies hätte seiner Meinung nach bei der Auslegung beachtet werden müssen, so dass im entschiedenen Fall, bei dem es mit Auktionsende zu einem verbindlichen Vertragsschluss kam, ein Widerrufsrecht nicht gegeben wäre.[239] Dem ist zuzustimmen. Der *BGH* hat es insoweit ausgelassen, durch entsprechende Auslegung dem tatsächlichen Willen des Gesetzgebers, den dieser wie bereits erläutert in § 312d Abs. 4 Nr. 5 BGB nur sehr unzureichend zum Ausdruck brachte, Geltung zu verschaffen.[240]

Paefgen hält die Umsetzung des § 312d Abs. 4 Nr. 5 BGB gar für gemeinschaftsrechtswidrig. So dürften im Zuge der Harmonisierung des Verbraucherschutzrechts nur dann strengere Regeln in das nationale Recht aufgenommen werden, „wenn der damit verbundene Eingriff in die Warenverkehrs- und Dienstleistungsfreiheiten [...] zur Förderung der zwingenden Allgemeininteressen geeignet, erforderlich und verhältnismäßig" sei.[241] Hier sei allerdings weder eine Eignung durch Verweis auf die Auslegungsnorm des § 156 BGB gegeben, noch würde der Verbraucherschutz gefördert werden. Vielmehr würde durch diese Eingrenzung das Rechtsinstitut der Versteigerung gefährdet.[242] Aus diesen Gründen hätte der *BGH* das Verfahren dem *EuGH* zum Vorabentscheid vorlegen müssen.[243]

---

[238] Goldmann, S. 109.
[239] Goldmann, S. 109.
[240] Hoffmann, ZIP 2004, 2337 (2338); Anders: Hoeren/Müller, NJW 2005, 948 (949), welche es nicht als Aufgabe des BGH ansehen, hier korrigierend einzugreifen.
[241] Paefgen, RIW 2005, 178 (186).
[242] Ebenda.
[243] Paefgen, RIW 2005, 178 (187). Dagegen Herberger/Geiger, VuR 2005, 248 (249).

Im Ergebnis muss konstatiert werden, dass aufgrund des Grundsatzurteils des *BGH* derzeit vom Bestehen eines Widerrufsrechts ausgegangen werden muss. Dass dieses Urteil auf einer fehlerhaften Gesetzesgestaltung beruht und auch in sich aufgrund mangelhafter Auslegung fehlerhaft ist, wurde dargelegt. Bis zu einer Abkehr der Rechtsprechung hiervon bildet es allerdings die Grundlage für zukünftige Entscheidungen der Instanzgerichte.

Abschließend muss erwähnt werden, dass das Urteil meines Erachtens nicht grundsätzlich auf alle Internetversteigerungen verallgemeinert werden kann, da es durchaus Gestaltungsmöglichkeiten der AGB der Plattformbetreiber geben kann, welche zum Vertragsschluss im Wege der Versteigerung gem. § 156 BGB führen, bspw. bei moderierten Live-Auktionen.

4.2.4.2. Inhalt des Widerrufsrechts

Der Inhalt des Widerrufsrechts bestimmt sich aus § 355 BGB. Durch die fristgerechte Ausübung des Widerrufsrechts löst der Verbraucher die Bindung an seine auf den Vertragsschluss gerichtete Willenserklärung, § 355 Abs. 1 S. 1 BGB. Die Erklärung muss entweder ausdrücklich in Textform oder durch Rücksendung der Ware getätigt werden und bedarf keiner Begründung.

Die Frist zur Erklärung des Widerrufs beträgt grdsl. zwei Wochen, wobei die rechtzeitige Absendung genügt, § 355 Abs. 1 S. 2 BGB. Diese Frist verlängert sich auf einen Monat, wenn die Widerrufsbelehrung in Textform nicht bereits vor Vertragsschluss erteilt wurde, § 355 Abs. 2 S. 2 BGB. Bei Internetversteigerung ergibt sich aus der Natur der Sache, dass eine Belehrung in Textform vor Vertragsschluss nicht möglich ist, da der Vertragspartner erst mit Vertragsschluss feststeht. Daher greift bei Internetversteigerungen immer die eigentlich als Ausnahmeregelung gedachte Monats-frist des § 355 Abs. 2 S. 2 BGB.[244]

Die Frist beginnt erst, sobald der Verbraucher zum einen die „deutlich gestaltete" Belehrung über das Widerrufsrecht, welche insbesondere die Frist, Fristbeginn sowie Namen und Anschrift des Widerrufsempfängers enthält, zum zweiten die unter Pkt. 2 ge-nannten Informationen und zum dritten die gekauften Waren er-halten hat (§§ 355 Abs. 2 S. 1, 312d Abs. 2 BGB). Der Unternehmer trägt für den Fristbeginn die Beweislast (§ 355 Abs. 2 S. 4 BGB).

Sechs Monate nach Vertragsschluss bzw. – wenn dies später ist – nach Lieferung der Ware erlischt das Widerrufsrecht (§ 355 Abs. 3 S. 1, 2 BGB), es sei denn, der Verbraucher wurde nicht ordnungs-gemäß über das Widerrufsrecht belehrt. In diesem Fall besteht ein faktisch unbegrenztes Widerrufsrecht (§ 355 Abs. 3 S. 3 BGB), welches erst durch eine nachträgliche Belehrung wieder be-grenzt werden kann.[245] Wenn der Unternehmer die ordnungsge-mäße Belehrung in Textform nachschiebt, beginnt eine neue Wi-derrufsfrist zu laufen. Dabei ist fraglich, welche der drei mögli-chen Fristen des § 355 BGB beginnt.

Sollten neben der Widerrufsbelehrung weitere Bedingungen gem. § 312d Abs. 2 BGB, insbesondere die Erfüllung der weiteren Informationspflichten des § 1 Abs. 4 BGB-InfoV, nicht erfüllt sein, gilt die sechsmonatige Erlöschensfrist des § 355 Abs. 3 S. 1 BGB. Deren Beginn ist allerdings nur vom Vertragsschluss bzw. der Lie-ferung der Waren abhängig, nicht von der Erteilung der Wider-rufsbelehrung. In § 355 Abs. 3 S. 3 BGB ist lediglich geregelt, dass bei mangelnder Widerrufsbelehrung das endgültige Erlöschen nicht eintritt. Eine unmittelbare Anwendung der Zwei-Wochen

---

[244] KG, NJW 2006, 3215.

bzw. Monatsfrist aus § 355 Abs. 1 S. 2 BGB bzw. § 355 Abs. 2 S. 2 BGB scheidet in diesem Fall aus, da deren Beginn von der vollständigen Erfüllung der Informationspflichten abhängig ist, § 312d Abs. 2 BGB.

Daraus würde folgen, dass bei Erteilung einer Widerrufsbelehrung mehr als sechs Monate nach Vertragsschluss bzw. Lieferung das Widerrufsrecht sofort erlöschen würde, da die bisher fehlende Bedingung für das Erlöschen des Widerrufsrechts eingetreten ist. Dies kann allerdings nicht richtig sein, da sich der Unternehmer so faktisch der Widerrufsbelehrung entziehen könnte.

Weder ein unbegrenztes Widerrufsrecht noch ein komplettes Wegfallen der Frist bei Erteilung der Widerrufsbelehrung nach Ablauf der Erlöschensfrist erscheinen daher billig. Im Ergebnis ist daher meines Erachtens für diesen Fall die Monatsfrist gem. § 355 Abs. 2 S. 2 BGB, beginnend mit Zugang der Widerrufsbelehrung, analog anzuwenden. Diese Frist, die anzuwenden ist, wenn die Belehrung erst nach Vertragsschluss erteilt wird, muss dem Verbraucher jedenfalls zugestanden werden. Dies gilt im Übrigen auch, wenn die Widerrufsbelehrung kurz vor dem scheinbaren Erlöschen der Widerrufsfrist erteilt wird.[246]

4.2.4.3. Voraussetzung des Rückgaberechts

Gem. § 312d Abs. 1 S. 2 i. V. m. § 356 Abs. 1 S. 1 BGB kann der Unternehmer bei Fernabsatzkäufen anstelle des Widerrufsrechts ein Rückgaberecht einräumen. Dafür müssen allerdings gewisse Voraussetzungen erfüllt sein, welche sich aus § 356 Abs. 1 S. 2 BGB ergeben.

---

[245] Domke, BB 2005, 228 (230).
[246] Domke, BB 2005, 228 (230); Staudinger/Schmidt-Bendun, BB 2005, 732 (734).

Danach muss zum einen im „Verkaufsprospekt", hierzu zählen auch Websites[247] und damit auch die eBay-Angebotsseite, eine deutlich gestaltete Belehrung über das Rückgaberecht enthalten sein. Eine solche Belehrungspflicht ergibt sich auch aus § 312c Abs. 1 S. 1 BGB und wurde bereits erläutert.[248] Daraus folgt aber gleichzeitig, dass ohne eine vorvertragliche Information die Wahl des Rückgaberechts ausgeschlossen ist.

Als nächstes muss der Verbraucher den Verkaufsprospekt in Abwesenheit des Unternehmers zur Kenntnis nehmen können. Diese Voraussetzung ergibt sich aus der Natur des Fernabsatzes und muss daher nicht näher erläutert werden.

Als letzte Voraussetzung muss dem Verbraucher das Rückgaberecht in Textform eingeräumt sein. Auch diese Voraussetzung entspricht den Informationspflichten, so dass keine Besonderheiten bestehen.

Die Ausübung des Rückgaberechts kann nur durch Rücksendung der Ware erfolgen. Hinsichtlich der Fristen gilt für das Rückgaberecht das bereits unter Pkt. b) beim Widerrufsrecht gesagte.

4.2.4.4. Folgen des Widerrufs bzw. der Rückgabe

Die wichtigste Rechtsfolge sowohl des Widerrufs als auch der Rückgabe ist, dass die gegenseitigen Leistungen rückabgewickelt werden müssen, §§ 357 Abs. 1 S. 1, 346 Abs. 1 BGB. Hinsichtlich der verkauften Ware wird diese Regelung durch § 357 Abs. 2 BGB konkretisiert. Gem. Satz 1 ist der Verbraucher bei Widerruf verpflichtet, die Ware zurückzusenden, wenn diese als Paket versandt werden kann. Anderenfalls muss er dem Unternehmer die Möglichkeit einräumen, die Ware abzuholen bzw. abholen zu las-

---

[247] *Ulmer-MüKo*, § 356 Rn. 9; *Grüneberg*-Palandt, § 356 Rn. 4.
[248] Vgl. Kap. 4.2.1.

sen. Der Unternehmer trägt dabei die Kosten und die Gefahr der Rücksendung (Satz 2), kann allerdings in zwei Fällen bei Widerruf (nicht bei Rückgabe) dem Verbraucher die regelmäßigen Kosten der Rücksendung auferlegen (Satz 3).

Zum einen ist dies möglich, wenn der Preis der zurückzusendenden Sache 40 Euro nicht übersteigt. Dabei ist zur Berechnung der 40-Euro-Grenze jede Auktion separat zu betrachten, da es sich – selbst wenn die Artikel zusammen versandt werden – um verschiedene Verträge handelt. Einem Käufer, der beim selben Verkäufer mehrere Auktionen zu einem Preis von jeweils weniger als 40 Euro „gewinnt", können folglich trotzdem die Kosten der Rücksendung auferlegt werden, selbst wenn der Preis aller zurückgesandter Waren 40 Euro übersteigt.[249] Die Versandkosten spielen für die Bemessung der Preisgrenze keine Rolle. Dies ergibt sich nicht nur unmittelbar aus dem Wortlaut des Gesetzes („Preis der [...] Sache"), sondern insbesondere auch daraus, dass der Gesetzeswortlaut nach Unklarheiten in der ursprünglichen Fassung durch das „Gesetz zur Änderung der Vorschriften über Fernabsatzverträge bei Finanzdienstleistungen" vom 02.12.2004 geändert wurde. Vorher war in § 357 Abs. 2 S. 3 BGB von „einer Bestellung bis zu einem Betrag von 40 Euro" die Rede, was durchaus auch eine Vielzahl von Versteigerungen und damit Waren, ebenso wie die Versandkosten, hätte umfassen können.[250] Durch die Konkretisierung ist der Wille des Gesetzgebers insoweit eindeutig klargestellt.

Die zweite Möglichkeit, die Rücksendekosten auf den Käufer abzuwälzen, besteht dann, wenn der Verbraucher die Waren noch nicht teilweise oder vollständig bezahlt hat. Diese Variante spielt

---

[249] *Grüneberg*-Palandt, § 357 Rn. 6.
[250] So bspw. *Kaiser*-Staudinger, § 357 Rn. 56.

bei Internetauktionen nur eine untergeordnete Rolle, da Vorkasse üblich ist.[251]

Die regelmäßigen Kosten der Rücksendung, welche auf den Käufer abgewälzt werden können, sind nur die typischen Kosten vom Wohnort des Verbrauchers zum Sitz des Unternehmers,[252] also im Ergebnis die Kosten des versicherten Versands durch die Post. Daraus folgert ein Teil der Literatur, dass der Verbraucher auch höhere Kosten verursachen und diese vom Unternehmer ersetzt verlangen kann.[253] Dem ist mitnichten so. Die Möglichkeit der Auferlegung der regelmäßigen Kosten führt vielmehr dazu, dass der Verbraucher nach den Grundsätzen von Treu und Glauben auch verpflichtet ist, nur die regelmäßigen Kosten zu verursachen. Dies sind im Regelfall die Kosten bzw. die Versandart, welche auch der Unternehmer für die ursprüngliche Versendung des Artikels gewählt hat. Anders ist dies nur zu sehen, wenn die erhöhten Kosten auf Verlangen des Unternehmers entstehen bzw. in dessen Sphäre liegen, z. B. Versand an eine Niederlassung im Ausland oder das Verlangen nach Versand mit einer bestimmten Spedition. Verlangen kann der Unternehmer allerdings, ohne dass für ihn hierfür Mehrkosten entstehen, dass der Verbraucher die Ware versichert oder zumindest mit Absendenachweis (Einschreiben) verschickt. Dies ergibt sich aus der Gefahrtragungspflicht des Unternehmers (§ 357 Abs. 2 S. 2 BGB), welche dieser nicht selbst absichern kann.

Ist eine Abwälzung der Rücksendekosten nicht möglich, darf der Verbraucher trotzdem, ebenfalls im Hinblick auf § 242 BGB, keine Kosten verursachen, die über die regelmäßigen Kosten der Rück-

---

[251] Borges, DB 2005, 319 (323).
[252] *Kaiser*-Staudinger, § 357 Rn. 56.
[253] *Kaiser*-Staudinger, § 357 Rn. 56.

sendung hinausgehen. Dies schließt meines Erachtens insbesondere auch die unfreie Versendung aus, da hiermit Mehrkosten – die im eigentlichen Sinn keine Kosten der Rücksendung mehr sind – für den Unternehmer entstehen, die damit nicht gerechtfertigt sind.[254] Ein Vorschussanspruch, der in der Literatur zum Teil vertreten wird[255], besteht ebenfalls nicht, da der Verbraucher mit der Rücksendung eine ihm gesetzlich obliegende Verpflichtung erfüllt. Im Ergebnis verbleibt dem Verbraucher insoweit lediglich ein Kostenerstattungsanspruch, welchen der Unternehmer auszahlen muss. Eine Umwandlung, bspw. in eine Gutschrift auf künftige Bestellungen des Verbrauchers, ist nicht möglich, da dieser dann zur Geltendmachung seines Anspruchs an künftige Geschäfte gebunden wäre, der Sinn des Widerrufsrechts und der Kostenerstattungspflicht damit konterkariert werden würde.

Weiterhin kann der Verkäufer dem Verbraucher eine Wertersatzpflicht auch für die bestimmungsgemäße Inanspruchnahme der Ware vertraglich auferlegen, es sei denn die Verschlechterung beruht allein auf der Überprüfung der Sache, § 357 Abs. 3 S. 1, 2 BGB. Dabei muss der Verkäufer spätestens bei Vertragsschluss in Textform zum einen auf diese Wertersatzpflicht und zum anderen auf eine Möglichkeit hinweisen, die Verschlechterung zu vermeiden. Bei Internetauktionen ist dies nicht möglich, da ein Hinweis in Textform vor oder bei Vertragsschluss nicht erbracht werden kann. Der Vertrag kommt, wie in der Kap. B. ausführlich erläutert, durch die Abgabe des höchsten Gebotes innerhalb der Annahmefrist zustande. Bis zu deren Ablauf weiß der Unternehmer folglich auch nicht, mit wem er den Vertrag schließen wird, so dass

---

254 Anders, allerdings ohne Begründung: *Kaiser*-Staudinger, § 357 Rn. 55; *Ulmer*-MüKo, § 357 Rn. 14.
255 *Ulmer*-MüKo, § 357 Rn. 14 m. w. N.; Hoeren, S. 303. Dagegen: Aigner/Hofmann, Rn. 211; *Grüneberg*-Palandt, § 357 Rn. 5.

eine Information vor oder zum Vertragsschluss in Textform technisch unmöglich ist. Der Verkäufer bei Internetauktionen muss folglich auf den Ersatz der Wertminderung verzichten.

4.2.4.5. Wahl des Widerrufs- oder Rückgaberechts bei Internetauktionen

Der Verkäufer sollte sich von vornherein entscheiden, ob er dem Verbraucher ein Widerrufs- oder ein Rückgaberecht einräumt. Beide haben ihre Vor- und Nachteile. Während der Verkäufer bei der Rückgabe sicher sein kann, dass er seine Ware tatsächlich und vor allem zeitnah zurück erhält, muss er dem Käufer in jedem Fall die Kosten der Rücksendung erstatten. Auf der anderen Seite besteht beim Widerrufsrecht durchaus die große Gefahr, dass der Verbraucher die Ware nach Widerruf nicht ohne weiteres zurücksendet. Bei Internetversteigerungen ist dies in der Regel allerdings wenig problematisch, da hier – wie bereits erwähnt – Vorkasse üblich ist, der Unternehmer also meist bereits die Zahlung erhalten hat. Da die jeweiligen Rückgabeverpflichtungen Zug-um-Zug zu erfüllen sind (§ 348 S. 1 BGB), hat der Unternehmer zumindest eine relative Sicherheit, dass er einen Wert – entweder in Form der Ware oder des Kaufpreises – behält.

Grundsätzlich ist empfehlenswert, bei Waren, die einen Kaufpreis von 40 Euro voraussichtlich überschreiten oder die nicht per Paket versandt werden können, für ein Rückgaberecht zu optieren. Für alle anderen Artikel sollte das Widerrufsrecht gewählt werden. Verkäufer, die beide Arten von Waren anbieten, sollten insoweit die Informationen zum Widerrufs- bzw. Rückgaberecht unmittelbar in die Auktionsbeschreibung aufnehmen und keine externe Webseite nutzen. So können die Bedingungen für jede Auktion individuell festgelegt werden.

4.3. Regelungen zur Preisangabe

Eine Problematik, der in der Literatur bisher – soweit ersichtlich – keine Aufmerksamkeit gewidmet wurde, betrifft die Auswirkung der Regelungen zur Preisangabe auf Internetauktionen. Dabei wird – nach einer kurzen rechtlichen Einordnung der Preisangabenverordnung – zunächst hinterfragt, inwiefern diese bei Internetauktionen eingreift.

4.3.1. Einordnung der Preisangabenverordnung

Zunächst muss an dieser Stelle die Preisangabenverordnung in das deutsche Rechtssystem eingeordnet werden. Grundsätzlich handelt es sich um nicht abdingbares Wettbewerbs- und gleichzeitig Verbraucherschutzrecht.[256] Schutzzweck ist die Vergleichbarkeit von Preisen durch den Verbraucher.[257] Dies führt allerdings nicht so weit, dass die PAngV ein Schutzgesetz gem. i. S. v. § 823 Abs. 2 BGB darstellt.[258] Vielmehr erlangt es eine Sanktionswirkung zum einen über die in § 10 PAngV dargestellten Ordnungswidrigkeiten, zum anderen, und dies ist im Wirtschaftsleben relevanter, über den Bezug zu § 3 UWG. Verstöße gegen die PAngV können insoweit unlauter i. S. v. § 4 Nr. 11 UWG (Vorteil durch Rechtsbruch)[259] bzw. § 5 Abs. 2 S. 1 Nr. 2, Abs. 4 UWG (Irreführung)[260] sein.

Die Preisangabenverordnung gilt für Geschäfte bzw. Wettbewerbshandlungen zwischen einem gewerbsmäßigen Anbieter und einem Letztverbraucher, § 1 Abs. 1 S. 1 PAngV. Dabei können zwar grundsätzlich auch Unternehmer als Letztverbraucher

---

[256] *Köhler*-Baumbach/Hefermehl, Vorb PAngV Rn. 2.
[257] *Köhler*-Baumbach/Hefermehl, Vorb PAngV Rn. 2.
[258] *Köhler*-Baumbach/Hefermehl, Vorb PAngV Rn. 7.
[259] *Köhler*-Baumbach/Hefermehl, Vorb PAngV Rn. 5.

gelten, z. B. wenn Büromaterial selbst verbraucht wird. Dies wird allerdings durch die Ausnahmeregelung des § 9 Abs. 1 PAngV so eingeschränkt, dass im Ergebnis eine Geltung faktisch nur im Verhältnis eines Unternehmers zu Verbrauchern gegeben ist. Für Wettbewerbshandlungen, die sich ausschließlich an gewerbliche bzw. institutionelle Kunden richten, gilt die Preisangabenverordnung daher nicht. Bezogen auf Internetauktionen ist eine Geltung folglich ebenso immer dann gegeben, wenn der Bieterkreis nicht auf gewerbliche oder institutionelle Käufer beschränkt ist und der Verkäufer gewerbs- oder geschäftsmäßig handelt.

Im Hinblick auf Internetauktionen muss schließlich noch das Verhältnis zu den Informationspflichten im Fernabsatz, insbesondere zu § 312c Abs. 1 S. 1 BGB i. V. m. § 1 Abs. 1 Nr. 7 BGB-InfoV, betrachtet werden. Insoweit ist zunächst festzuhalten, dass die Vorschriften der Preisangabenverordnung durch das Fernabsatzrecht unberührt bleiben.[261] Insbesondere müssen eventuelle weitergehende Informationspflichten erfüllt werden, § 312c Abs. 4 BGB. Dies betrifft bspw. die Informationen gem. § 1 Abs. 2 PAngV.

Schwieriger ist die Frage, ob die Informationspflichten des § 1 Abs. 1 Nr. 7 BGB-InfoV entfallen, wenn die Preisangabenverordnung gem. § 9 Abs. 1 PAngV nicht anwendbar ist. Abgelehnt wird dies u. a. von *Wendehorst*, der zwar ebenfalls sieht, dass die Vorschriften der Preisangabenverordnung nicht anwendbar sind, andererseits in diesen Fällen aber trotzdem eine Preisangabepflicht nach BGB-InfoV nicht entfallen lassen will.[262] Ähnlich ist wohl *Völker* zu verstehen, der eine wesentliche Bedeutung in den

---

260 *Köhler*-Baumbach/Hefermehl, Vorb PAngV Rn. 6.
261 BT-Drucks. 14/2658, S. 39; *Wendehorst*-MüKo, § 312c Rn. 58.
262 *Wendehorst*-MüKo, § 312c Rn. 58.

Regelungen der BGB-InfoV nur dort sieht, wo die PAngV nicht anwendbar ist.[263] *Köhler* sieht hingegen die Vorschriften der BGB-InfoV lediglich als Konkretisierung der PAngV.[264] Daraus würde meines Erachtens folgen, dass die BGB-InfoV lediglich eventuell fehlende Inhalte der PAngV ausfüllen kann, auf der anderen Seite aber nicht eingreift, wenn die Wirksamkeit der Vorschriften der Preisangabenverordnung ausgeschlossen ist. Letztlich ist wohl der Ansicht zu folgen, dass beide Regelungen nebeneinander bestehen, was insbesondere daraus folgt, dass § 1 Abs. 1 Nr. 7 BGB-InfoV nicht auf die PAngV verweist, sondern eigene Regelungen aufstellt, die zwar inhaltlich nahezu identisch mit denen der PAngV sind, aber trotzdem eine separate Wirksamkeit begründen.

Inhaltlich verlangt die Preisangabenverordnung insbesondere, dass angegebene Preise Endpreise darstellen müssen, also die gesetzliche Mehrwertsteuer sowie sonstige Preisbestandteile bereits enthalten ist. Hinzu kommen bei Fernabsatzverträgen weitere Informationspflichten, insbesondere zu den Versandkosten. Bevor allerdings auf die einzelnen Pflichten aus der Preisangabenverordnung näher eingegangen wird, ist zu klären, ob diese bei Internetversteigerungen überhaupt Anwendung findet.

4.3.2. Geltung der Preisangabenverordnung bei Internetauktionen

Wie bereits geklärt wurde, fallen Internetauktionen von Unternehmern regelmäßig in das Leitbild der Preisangabenverordnung, da sie sich grundsätzlich auch an Letztverbraucher richten. Allerdings könnte hier § 9 Abs. 1 Nr. 5 PAngV ins Spiel kommen.

---

[263] Völker, NJW 2000, 2787 (2790).
[264] *Köhler*-Baumbach/Hefermehl, Vorb PAngV Rn. 8.

Dieser besagt ausdrücklich, dass die Vorschriften der Verordnung keine Anwendung „auf Warenangebote bei Versteigerungen" finden. Insoweit bekommt der in Kap. B. dargestellte Streit, ob es sich bei Internetauktionen um Versteigerungen im Rechtssinne handelt, eine wichtige Bedeutung. Wie dargestellt, ist dies tatsächlich der Fall.[265] Insbesondere bezieht sich § 9 Abs. 1 Nr. 5 PAngV, im Gegensatz zu § 312d Abs. 4 Nr. 5 BGB[266], auch nicht auf die spezielle Vorschrift des § 156 BGB, so dass die allgemeine Versteigerungsdefinition anwendbar ist.[267] Auf Internetauktionen wären folglich keinerlei[268] Vorschriften der Preisangabenverordnung anwendbar.[269]

Köhler scheint dies zwar unter Bezug auf *Bullinger* bereits soweit einzuschränken, dass er sich ausdrücklich nur auf die Preisangabenpflicht bezieht, da der Endpreis zum Beginn der Auktion noch nicht feststeht.[270] Im Umkehrschluss muss diese Ansicht dann so zu verstehen sein, dass die weiteren Angabepflichten aus § 1 PAngV, insbesondere hinsichtlich Mehrwertsteuer, Versandkosten etc. von dem Ausschluss der Anwendbarkeit nicht betroffen sind. Dies ist zwar im Hinblick auf den Grund der Ausnahmeregelung durchaus überzeugend, denn es ist nicht ersichtlich, warum im Hinblick auf einen noch nicht bekannten Endpreis bspw. eine Angabe der Versandkosten nicht möglich sein soll. Andererseits

---

265 Vgl. Kap. 3.1.
266 Vgl. hierzu Kap. 4.2.4.1.
267 Vgl. hierzu die Definitionen in Kap. 3.1.
268 *Piper*-Köhler/Piper, § 9 PAngV Rn. 2.
269 Vgl. *Ernst*-Spindler/Wiebe, Kap. 3 Rn. 29 f.; *Steinbeck*-Leible/Sosnitza, Rn. 540; Bullinger, WRP 2000, 253 (256); Hollerbach, DB 2000, 2001 (2005). Vehslage, MMR 1999, 680 (681) verneint zwar eine unmittelbare Anwendung der Ausnahmevorschrift, geht aber von einer analogen Anwendbarkeit aus.
270 Köhler-Baumbach/Hefermehl, § 9 PAngV Rn. 6; Bullinger, WRP 2000, 253 (256).

ist der Gesetzestext in § 9 Abs. 1 PAngV insoweit eindeutig, dass die gesamte Verordnung nicht anwendbar ist.

Ganz einhellig ist die Meinung in der Literatur, dass eine Nichtanwendung des Ausnahmetatbestandes des § 9 Abs. 1 Nr. 5 PAngV auf Internetauktionen nicht in Frage kommt.[271] Auch wenn dem Gesetzgeber zum Zeitpunkt des Erlasses der Verordnung die Möglichkeit solcher Auktionen nicht bekannt war, würde eine Nichtanwendung dazu führen, dass Internetauktionen insgesamt unzulässig sind. Denn die Pflicht zur Angabe eines Endpreises ist bei Internetauktionen ebenso wie bei „realen" Versteigerungen nicht möglich, da sich dieser erst im Laufe des Versteigerungsverfahrens bildet.[272]

Aus der Nichtanwendbarkeit der Preisangabenverordnung ergibt sich meines Erachtens, dass Unternehmer auch gegenüber Verbrauchern grundsätzlich Nettopreise angeben dürfen. Dies kann für unaufmerksame Verbraucher zu erheblichen unerwarteten Zusatzkosten führen, wenn der Verkäufer nach Abschluss der Auktion auf den Auktionsbetrag noch 16 % Umsatzsteuer aufschlägt. Dies geht zwar selbstverständlich nur, wenn es in der Auktionsbeschreibung ausdrücklich aufgeführt ist. Doch mag es gerade bei Bietern, die erst kurz vor Ende der Laufzeit der Auktion die Angebotsseite aufrufen, vorkommen, dass sie die Beschreibung nur noch überfliegen, bevor sie bieten. Insbesondere die übliche Geschäftserfahrung, dass angegebene Preise regelmäßig Endpreise inklusive der Umsatzsteuer darstellen, stellt hier eine gewisse Gefahr dar. Auf eine fehlende Vergleichbarkeit kann insoweit allerdings keine Rücksicht genommen werden, da diese aufgrund des noch unbekannten Endpreises ohnehin nicht ge-

---

271 So schließlich im Ergebnis Schulze, S. 127 f.; Goldmann, S. 91.
272 LG Hamburg, DB 1999, 1951 (1953).

geben ist. Die Angabe von Versandkosten ist zwar nach der Preisangabenverordnung nicht notwendig. Allerdings ergibt sich, wie bereits dargestellt,[273] eine solche Pflicht aus den allgemeinen Informationspflichten des § 312c Abs. 1 BGB i. V. m. § 1 Abs. 1 Nr. 8 BGB-InfoV.

Das Ergebnis ist zwar insbesondere aus Verbraucherschutzsicht nicht wünschenswert, entspricht aber der geltenden Rechtslage. Insofern erscheint eine Änderung der Preisangabenverordnung dringend geboten. Ein akzeptables Ergebnis könnte bereits dadurch erreicht werden, dass auf Versteigerungen ausdrücklich § 1 Abs. 2 PAngV Anwendung findet. Die Folge wäre, dass der unternehmerisch tätige Verkäufer auch bei Internetauktionen angeben muss, dass der Endpreis die gesetzliche Umsatzsteuer sowie alle Preisbestandteile enthält (§ 1 Abs. 2 S. 1 Nr. 1 PAngV) sowie ob (§ 1 Abs. 2 S. 1 Nr. 2 PAngV) und in welcher Höhe (§ 1 Abs. 2 S. 2, 3 PAngV) Versandkosten anfallen. Diese Angaben sind mit den Besonderheiten bei Versteigerungen jedenfalls vereinbar.

4.3.3. Pflichten aus den AGB der Plattformbetreiber

Nachdem soeben die gesetzlichen Grundlagen und insbesondere die verbraucherschutzrechtlich bedenkliche Tatsache festgestellt wurde, dass eine Nettopreisangabe grundsätzlich möglich ist, wird als nächstes die Praxis anhand des Beispiels eBay betrachtet, um zu sehen, ob eine Nettopreisangabe tatsächlich möglich ist.

Hierfür müssen insbesondere die AGB von eBay.de untersucht werden. Diese enthalten in § 8 Nr. 6 S. 1 die Regelung, dass die Angebotspreise Endpreise einschließlich der Mehrwertsteuer so-

---

[273] Vgl. Kap. 4.2.1.4.

wie weiterer Preisbestandteile, jedoch exklusive der Liefer- und Versandkosten (Satz 2), darstellen. Allerdings wurde bereits in Kap. B.V.1. dargelegt, dass die AGB des Plattformbetreibers nicht unmittelbar in den Kaufvertrag (Marktverhältnis) einbezogen werden, sondern vielmehr lediglich eine Auslegungsgrundlage darstellen. Bei einer entsprechend eindeutigen Regelung in der Auktionsbeschreibung wäre folglich auch die Angabe von Nettopreisen gegenüber Verbrauchern wirksam.

Durch das Verstoßen gegen die AGB verbleibt eBay allerdings u. U. die Möglichkeit, seinerseits Sanktionen gegen den Unternehmer einzuleiten.[274] Dafür müsste in der Abweichung von den Vorgaben der AGB gleichzeitig eine sanktionsfähige Verletzung gesehen werden. Wie ausgeführt, handelt es sich bei solchen Abweichungen um Verletzungen der AGB, die einen unmittelbaren Bezug bzw. eine unmittelbare Auswirkung auf die Auktionsplattform haben. Dies ist bei § 8 Nr. 6 S. 1 AGB-eBay.de der Fall. Die Umgehung dieser Regelung durch die Angabe von Nettopreisen würde zur Umgehung von Gebühren führen, da diese ebenfalls nur auf den Nettopreis berechnet werden würden. Insoweit ist eine unmittelbare Auswirkung auf eBay gegeben, so dass die entsprechenden Sanktionsmaßnahmen gem. § 4 Nr. 1 AGB-eBay.de möglich sind.

Im Ergebnis haben die AGB folglich zwar keine Auswirkungen auf den letztlich geschlossenen Vertrag. Dieser wäre trotz Nettopreisen wirksam und der Käufer müsste den Endpreis zzgl. der Umsatzsteuer zahlen. Allerdings hätte eBay während der Auktionslaufzeit insbesondere die Möglichkeit, die Auktion zu löschen, so dass ein Vertrag überhaupt nicht zustande kommen würde.

---

[274] Vgl. Kap. 3.5.3.

4.4. Weitere Regelungen zum Verbrauchsgüterkauf

Eine Reihe weiterer Regelungen sind beim Verkauf von Waren von einem Unternehmer an einen Verbraucher (Verbrauchsgüterkauf, § 474 ff. BGB) und damit folglich auch bei Internetauktionen – welche grdsl. nicht unter die Ausnahmeregelung des § 474 Abs. 1 S. 2 BGB fallen[275] – zu beachten. Diese werden im Folgenden kurz angerissen.

4.4.1. Versandrisiko

Grundsätzlich geht das Risiko des zufälligen Untergangs beim Warenversand mit der Übergabe an die Post oder einen anderen Versender auf den Käufer über, § 447 Abs. 1 BGB. Von diesem Grundsatz wird allerdings durch § 474 Abs. 2 BGB abgewichen. Diese Vorschrift regelt, dass § 447 BGB auf Verbrauchsgüterkaufverträge keine Anwendung findet. Daher trägt aufgrund der Generalnorm des § 446 BGB der Unternehmer solange das Risiko des zufälligen Untergangs, bis die Ware an den Verbraucher übergeben wurde oder sich dieser in Annahmeverzug befindet.

Vielfach wird versucht, durch das optionale Anbieten von versicherter und nicht versicherter Versandart eine Risikoverschiebung zu erreichen, indem die Haftung für den zufälligen Untergang bzw. die zufällige Beschädigung beim Transport bei Wahl des unversicherten Versandes ausgeschlossen wird. Hierfür enthält die Auktionsbeschreibung eine Klausel, dass der Käufer das Versandrisiko trägt, wenn er nicht den – teureren – versicherten Versand wählt.[276] Eine solche Klausel wird meist dann gewählt, wenn der Warenwert niedrig ist, da Kunden in der Regel nicht

---

[275] Reinicke/Tiedtke, Rn. 727.

bereit sind, bei niedrigem Warenwert hohe Versandkosten zu tragen. Durch diese Gestaltung hätte der Verbraucher die Wahl, ob er niedrige Portokosten und das Risiko des Untergangs in Kauf nimmt oder durch höhere Versandkosten das Untergangsrisiko versichern lässt.

Fraglich ist, ob eine solche Klausel wirksam ist, der Unternehmer also das Risiko vertraglich im Wege des Haftungsausschlusses auf den Verbraucher abwälzen kann. Diese Frage ist in der Literatur durchaus umstritten.[277]

Der *BGH* erwähnt dies in seiner Entscheidung lediglich in einem Nebensatz, da die Frage für den betreffenden Rechtstreit keine Relevanz hat.[278] Auch *Haas* führt nicht näher aus, worauf seine Ablehnung einer vertraglichen Abbedingung beruht. Lediglich *Matusche-Beckmann* begründet dies ausführlicher und stellt insoweit insbesondere auf den Wortlaut des § 475 Abs. 1 S. 1 BGB[279] sowie auf eine grundsätzliche Kritik an den Regelungen des Versendungskaufes ab.[280] Dagegen geht *Putzo* ebenso wie *Lorenz* davon aus, dass grundsätzlich eine abweichende Vereinbarung möglich ist. § 475 Abs. 1 BGB, welcher eine zum Nachteil des Verbrauchers abweichende Vereinbarung nicht zulässt, beziehe sich erkennbar ausschließlich auf die Mängelgewährleistung.[281] Dieser Meinung ist grundsätzlich zuzustimmen.

---

276 Vgl. hierzu auch die Ausführungen in Kap. 4.8.1.
277 Dagegen: BGH, NJW 2003, 3341; *Matusche-Beckmann*-Staudinger, § 475 Rn. 9; *Haas*-Haas/Medicus/Rolland/ Schäfer/Wendtland, Kap. 5 Rn. 452. Grundsätzlich dafür: *Putzo*-Palandt, § 474 Rn. 7; *Lorenz*-MüKo, § 475 Rn. 5.
278 BGH, NJW 2003, 3341.
279 „... sowie von den Vorschriften dieses Untertitels ...".
280 So auch Reinicke/Tiedtke, Rn. 733.
281 *Putzo*-Palandt, § 474 Rn. 7; *Lorenz*-MüKo, § 475 Rn. 5; Lorenz, JuS 2004, 105 (106).

§ 475 Abs. 1 S. 1 BGB bezieht sich eindeutig auf einen Mangel, der zu irgendeinem Zeitpunkt vorliegen muss. Vor diesem Zeitpunkt darf keine vertragliche Vereinbarung die genannten Regelungen verändern. Da es bei der Versandgefahr allerdings gerade nicht um einen Mangel geht, kann § 475 Abs. 1 S. 1 BGB nicht auf § 474 Abs. 2 BGB anwendbar sein.

Dies ergibt sich auch aus der systematischen Anordnung. So werden zunächst in § 474 BGB u. a. die grundsätzlichen Vorschriften des Versendungskaufes ausgeschlossen. Anschließend folgt in § 475 BGB das Verbot der vertraglichen Abweichung von den Regelungen zu Sachmängeln. Schließlich werden in den §§ 476 ff. BGB einige Spezialregeln hinsichtlich Sachmängeln beim Verbrauchsgüterkauf angefügt. Insoweit widerspricht es der Systematik, dass § 475 Abs. 1 S. 1 BGB auf § 474 BGB anwendbar sein soll.

Schließlich soll, wie sich aus der Gesetzesbegründung ergibt, nur die Unabdingbarkeit der aus der EG-Verbrauchsgüterkaufrichtlinie (EG-Richtlinie 99/44/EG) umgesetzten Regelungen festgelegt werden.[282] Die Unanwendbarkeit von § 447 BGB zählt allerdings nicht hierzu, diese Ergänzung wurde vielmehr durch den Gesetzgeber unabhängig von der Richtlinie eingefügt.[283]

Im Ergebnis bezieht sich daher das Verbot der vertraglichen Abweichung nicht auf die Verlagerung des Gefahrübergangs im Versendungskauf.

Sowohl *Putzo* als auch *Lorenz* lehnen jedoch eine Abbedingung durch AGB ab.[284] Somit wäre eine praktische Relevanz aufgrund § 310 Abs. 3 Nr. 2 BGB nicht gegeben, da hiernach sämtliche

---

[282] Vgl. Gesetzesentwurf, BT-Drucksache 14/6040, S. 244.
[283] Vgl. *Lorenz*-MüKo, § 475 Rn. 5.
[284] *Putzo*-Palandt, § 474 Rn. 10; *Lorenz*-MüKo, § 475 Rn. 5.

durch den Unternehmer vorformulierten Bedingungen bei Verbraucherverträgen als AGB gelten. Die Ablehnung wird mit § 307 Abs. 1 S. 1 BGB begründet, wonach Bestimmungen in AGB unwirksam sind, die den Vertragspartner unangemessen benachteiligen. Eine solche unangemessene Benachteiligung ist „im Zweifel" dann anzunehmen, wenn von einem wesentlichen Grundgedanken der gesetzlichen Regelung abgewichen wird, § 307 Abs. 2 Nr. 1 BGB. Eine solche Abweichung ist hier unzweifelhaft gegeben. Allerdings muss an dieser Stelle auch hinterfragt werden, ob die genannte Vertragsklausel tatsächlich den Verbraucher unangemessen benachteiligt.

Dies ist bspw. dann nicht der Fall, wenn dem Verbraucher im Rahmen einer „Tarifwahl" die Möglichkeit geboten wird, den Haftungsausschluss durch Zahlung eines erhöhten Preises zu umgehen.[285] Ähnliches muss auch für die Gefahrtragung beim Versendungskauf gelten. Dabei muss der Aufschlag dafür eingesetzt werden, einen Versicherungsschutz zu gewährleisten. Weiterhin darf die entsprechende Option selbstverständlich nicht lediglich zum Schein angeboten werden und sie darf nicht übermäßig überteuert sein.[286] In diesem Fall kann von einer Benachteiligung des Verbrauchers – geschweige denn von einer unangemessenen – keine Rede mehr sein.

Im Ergebnis bleibt festzuhalten, dass es dem Unternehmer bei entsprechender Gestaltung der Vertragsbedingungen trotz § 474 Abs. 2 BGB durchaus möglich ist, die Haftung für das Versandrisiko auf den Verbraucher abzuwälzen. Allerdings muss er sich dabei stets an den strengen Richtlinien hinsichtlich der Tarifwahl ori-

---

[285] *Basedow-MüKo*, § 307 Rn. 43.
[286] *Basedow-MüKo*, § 307 Rn. 43.

entieren und insbesondere die mit der Wahl für den Käufer ver-
bundenen Rechtsfolgen eindeutig darstellen.

4.4.2. Mängelhaftung

Weniger problematisch ist dies hinsichtlich der Mängelhaftung.
Gem. § 475 Abs. 1 BGB kann sich der Unternehmer auf keine
Vereinbarung berufen, welche vor Mitteilung eines Mangels getroffen wurde und zum Nachteil des Verbrauchers von den gesetzlichen Regelungen zum Kaufvertrag und zur Mängelhaftung
abweicht. Im Gegensatz zu den unter Pkt. 1 getätigten Ausführungen ist hier eine vertragliche Abbedingung keinesfalls möglich, da nicht nur Wortlaut und Gesetzessystematik eindeutig sind,
sondern auch die EG-Verbrauchsgüterkaufrichtlinie umgesetzt
wird. Lediglich der Anspruch auf Schadenersatz kann im Rahmen
der AGB-rechtlichen Grenzen vertraglich ausgeschlossen oder
beschränkt werden, § 475 Abs. 3 BGB.

Weiterhin ist die in § 476 BGB geregelte Beweislastumkehr relevant, wonach innerhalb der ersten sechs Monate nach Lieferung
grundsätzlich davon ausgegangen wird, dass ein Mangel bereits
bei Lieferung bestand. Diese Vermutung ist zwar widerlegbar, allerdings wird es in der Regel kaum möglich sein, einen entsprechenden Beweis zu führen. Ausnahme hiervon sind lediglich of-
fensichtliche Fehlbehandlungsmängel, z. B. Fallschäden, bei denen ein entsprechender Nachweis durchaus möglich ist.

Im Gegenzug hat der Unternehmer seinerseits aus § 478 BGB einen Rückgriffsanspruch gegenüber seinem Lieferanten, wenn
der Verbraucher Mängel an der Ware geltend macht. Durch
diesen entfällt zum einen die Pflicht, eine Mängelbeseitigungsfrist
zu setzen (§ 478 Abs. 1 BGB), zum anderen kann der Unternehmer von seinem Lieferanten die Aufwendungen ersetzt verlan-

gen, die er selbst dem Verbraucher im Zuge der Nacherfüllung zu ersetzen hatte (§ 478 Abs. 2 BGB). Hinsichtlich Beweislastumkehr und Abdingbarkeit wird der Unternehmer im Verhältnis zu seinem Lieferanten einem Verbraucher gleichgestellt, § 478 Abs. 3, 4 BGB. Diese Regeln gelten für die gesamte Lieferantenkette (§ 478 Abs. 5 BGB).

Die Verjährung der Mängelgewährleistungsansprüche kann nach § 475 Abs. 2 BGB vertraglich nicht zu Lasten des Verbrauchers auf unter zwei Jahre bei Neuwaren bzw. einem Jahr bei gebrauchten Artikeln vereinbart werden, wobei immer auf den gesetzlichen Fristbeginn (§§ 194 ff. BGB) abzustellen ist. Daraus folgt faktisch die Möglichkeit, die gesetzliche Verjährungsfrist (2 Jahre, § 438 Abs. 1 Nr. 3 BGB) für gebrauchte Artikel auf ein Jahr zu verkürzen.[287]

4.4.3. Beschaffenheitsvereinbarung

Eine wichtige Möglichkeit, trotz § 475 Abs. 1 BGB Einfluss auf die Sachmängelhaftung zu nehmen, besteht darin, die Beschaffenheit eines Artikels zu vereinbaren. Denn von dieser vereinbarten Beschaffenheit hängt es gem. § 434 Abs. 1 S. 1 BGB ab, ob überhaupt ein Sachmangel vorliegt. Neben ausdrücklichen Beschreibungen sind auch allgemein gehaltene Klauseln grdsl. möglich.[288] Einen gewissen konkreten Gehalt müssen sie allerdings haben, ein reines Abwälzen eines versteckten Mangels auf den Verbraucher ist nicht zulässig. So ist eine Klausel „gekauft wie besichtigt", abgesehen davon, dass sie bei Internetauktionen regelmäßig mangels Möglichkeit, den Artikel in Augenschein zu nehmen, keine Bedeutung erlangen kann, unwirksam.[289]

---

[287] Reinicke/Tiedtke, Fn. 735.
[288] *Lorenz*-MüKo, § 475 Rn. 8.
[289] *Lorzen*-MüKo, § 475 Rn. 9; Reinicke/Tiedtke, Rn. 748.

Konkreter gestaltet sind dagegen Klauseln wie „Bastlerfahrzeug", „zum Ausschlachten"[290], „nicht funktionsfähig" oder „zum Basteln"[291]. Diese Klauseln – vorausgesetzt sie entsprechend dem tatsächlichen Zustand des Artikels[292] – führen dazu, dass der Käufer keine funktionierende Ware erwarten kann. Folglich ist eine entsprechende Mängelgewährleistung ausgeschlossen.

4.4.4. Garantiebestimmungen

Auch bei Internetauktionen kann der Verkäufer gem. § 443 BGB Garantien geben, um so bspw. ein größeres Bieterinteresse zu generieren. Allerdings werden für Verbrauchsgüterkäufe besondere Anforderungen an Form und Gestaltung gestellt, welche sich aus § 477 BGB ergeben. Eine Nichtbeachtung führt allerdings nicht zu einer Unwirksamkeit der Garantie, § 477 Abs. 3 BGB.[293] Neben der allgemeinen – meines Erachtens selbstverständlichen – Vorgabe, dass die Garantie einfach und verständlich abgefasst sein muss, werden in Abs. 1 S. 2 konkrete Vorgaben gemacht. Unklarheiten in der Garantieerklärung gehen insoweit grdsl. zu Lasten des Unternehmers, da er für diese verantwortlich zeichnet.[294]

Der Verbraucher muss zunächst auf seine gesetzlichen Rechte hingewiesen werden und insbesondere darauf, dass diese durch die Garantie nicht eingeschränkt werden. Dabei genügt ein all-

---

290 Jeweils Reinicke/Tiedtke, Rn. 749.
291 Jeweils *Lorenz*-MüKo, § 475 Rn. 8.
292 *Lorenz*-MüKo, § 475 Rn. 8.
293 *Putzo*-Palandt, § 477 Rn. 5.
294 *Lorenz*-MüKo, § 477 Rn. 11.

gemeiner Hinweis auf bestehende gesetzliche Rechte, ohne dass insbesondere deren Inhalt konkretisiert werden müsste.[295]

Schließlich muss die Garantieerklärung den Inhalt der Garantie sowie alle sonstigen erforderlichen Angaben enthalten. § 477 Abs. 1 S. 2 Nr. 2 BGB zählt insoweit nicht abschließend diese erforderlichen Angaben auf: Dauer, räumlicher Geltungsbereich, Anschrift des Garantiegebers. Auch hier gilt das in S. 1 normierte Transparenzgebot. Dies bedeutet insbesondere, dass der Unternehmer die Angaben möglichst kurz halten muss und sie nicht in umfangreichen Vertragstexten untergehen lassen darf. Die Angabe der Anschrift des Garantiegebers ist gesondert nur dann nötig, wenn diese mit der des Unternehmers auseinanderfällt, da sich die Pflicht zur Angabe der Anschrift des Unternehmers bereits aus einer Vielzahl anderer Vorschriften ergibt.

Auf Verlangen des Verbrauchers muss der Unternehmer diesem die Garantieerklärung in Textform übersenden. Da dies insbesondere E-Mails beinhaltet, sollte die Erfüllung dieser Verpflichtung keine Probleme bereiten.[296] Selbstverständlich besteht diese Pflicht erst nach Ablauf der Auktion und nur gegenüber dem Höchstbieter.

Wie bereits ausgeführt, sind die vorgenannten Anforderungen keine Voraussetzung für die Wirksamkeit der Garantie, § 477 Abs. 3 BGB. Eine Nichterfüllung kann allerdings zu Schadenersatzansprüchen des Verbrauchers, insbesondere wohl Kosten der Rechtsberatung, führen.[297] Des Weiteren kommen wettbewerbs-

---

[295] *Lorenz-MüKo*, § 477 Rn. 6; Reinicke/Tiedtke, Rn. 742. Weitergehend *Putzo-Palandt*, § 477 Rn. 8, der im Hinweis einen Bezug auf die konkreten Vorschriften fordert.

[296] *Lorenz-MüKo*, § 477 Rn. 8.

[297] *Lorenz-MüKo*, § 477 Rn. 13 f.

rechtliche Unterlassungsansprüche gegen den Unternehmer aus dem UKlaG bzw. UWG in Betracht.

4.5. Weitere wettbewerbsrechtliche Probleme

Insbesondere aus dem UWG, aber auch aus weiteren Spezialgesetzen, ergeben sich eine Reihe weiterer wettbewerbsrechtlicher Probleme. Die für Internetauktionen relevanten Punkte werden hier kurz angesprochen. Die möglichen Sanktionen werden später in diesem Kapitel dargestellt.

4.5.1. Anwendungsbereich des UWG

§ 3 UWG bildet die Grundnorm für unzulässige Wettbewerbshandlungen. Grundvoraussetzung ist eine Handlung, die ein Unternehmen fördert. Insoweit scheidet bei Internetauktionen zwischen Verbrauchern eine Anwendbarkeit des UWG aus.

Weiterhin muss durch die Handlung der Wettbewerb zum Nachteil von Mitbewerbern, Verbrauchern oder sonstigen Marktteilnehmern beeinträchtigt werden. Diese Beeinträchtigung darf zudem nicht nur unerheblich sein. Eine pauschale Beurteilung dieser Merkmale ist nicht möglich, vielmehr muss hier jeweils der Einzelfall betrachtet werden.

Schließlich muss die Handlung unlauter sein. Dieser Begriff wird in den §§ 4 bis 7 UWG (nicht abschließend) konkretisiert.

4.5.2. Irreführende Werbung

Irreführend wirbt, wer falsche Angaben zu wesentlichen Merkmalen der Ware macht oder entscheidungswesentliche Tatsachen verschweigt, § 5 Abs. 2 UWG. Hierzu zählen die Merkmale der Ware selbst (§ 5 Abs. 2 S. 1 Nr. 1 UWG), der Preis und die Lieferbedingungen (Nr. 2) sowie Informationen über den Verkäufer (Nr. 3).

Besondere Relevanz erlangt bei Internetauktionen die Preiswerbung. So kommt es nicht selten vor, dass Artikel mit dem Zusatz „ab 1 Euro" beworben werden. Diese Werbung ist nach verbreiteter Ansicht wettbewerbswidrig, wenn nicht tatsächlich zumindest einige Stücke zu diesem Preis erhältlich sind.[298] Dies ist jedenfalls dann richtig, wenn sich aus der Werbung nicht ergibt, dass es sich um einen Mindestpreis bei einer Versteigerung handelt. Ergibt sich dies für einen durchschnittlichen Verbraucher allerdings eindeutig, kann selbst dann von einer Wettbewerbswidrigkeit nicht mehr ausgegangen werden, wenn der Artikel zu diesem Startgebot praktisch nicht gekauft werden kann.[299] Denn jeder durchschnittliche Verbraucher kann mit dem Begriff Mindestpreis nur einen Preis verbinden, der sich möglicherweise noch erhöhen wird. Für die Ersichtlichkeit eines Mindestpreises kommt es meines Erachtens nicht zwingend darauf an, dass der Preis ausdrücklich als solcher benannt wird. Bereits wenn deutlich wird, dass es sich um eine Internetauktion handelt (z. B. eBay-Logo), oder wenn eindeutig nur ein einzelner Artikel im Gegensatz zu einer Produktgruppe beworben wird, ergibt sich daraus das Werben mit einem Mindestpreis.

Weitere Möglichkeiten irreführender Werbung ergeben sich aus falschen Angaben über den Verkäufer. Neben der falschen Bezeichnung als privater Verkäufer kommt insbesondere die unberechtigte Nutzung verschiedener – im Internet üblicher – Gütesiegel in Betracht. Beispielhaft sei an dieser Stelle die Bezeich-

---

[298] *Ernst*-Spindler/Wiebe, Kap. 3 Rn. 25.
[299] Schulze, S. 133 f.; Goldmann, S. 227; A. A. *Ernst*-Spindler/Wiebe, Kap. 3 Rn. 26.

nung als „Powerseller" bei eBay genannt. Dieser Titel, der von eBay für besonders aktive und zuverlässige Verkäufer vergeben wird, soll bei den Käufern ein besonderes Vertrauen schaffen. Wirbt nun ein Verkäufer in seiner Auktionsbeschreibung unberechtigt mit dieser oder einer ähnlichen Bezeichnung, so handelt er unlauter gem. § 5 Abs. 2 S. 1 Nr. 3 UWG.

4.5.3. Vergleichende Werbung

Auch vergleichende Werbung kann unlauter sein. So sind Preisvergleiche zwar grdsl. zulässig, allerdings nur, wenn sie sich jeweils auf den Endpreis beziehen.[300] Dies ist bspw. dann nicht der Fall, wenn der Verkäufer seinen Mindestpreis der unverbindlichen Preisempfehlung des Herstellers oder dem Preis für diesen Artikel in einem Online-Shop gegenüberstellt („statt für 499 Euro jetzt ab Startpreis von 1 Euro"). In diesem Fall wäre es kein objektiver Preisvergleich mehr, da ein End- mit einem Mindestpreis verglichen wird.

4.5.4. Angebot von Nachahmungen

Ein sehr weit verbreitetes Problem bei Internetauktionen ist das Anbieten von Nachahmungen. Auch dieses stellt eine unlautere Handlung gem. § 4 Nr. 9 UWG dar. Die wichtigste Fallgruppe ist dabei die der gefälschten Markenartikel (§ 4 Nr. 9 lit. a) UWG). Dabei ist die Regelung den spezialgesetzlichen Vorschriften, bspw. aus MarkenG oder PatG, untergeordnet.[301]

Gefälschte bzw. imitierte Markenartikel werden häufig so angeboten, als ob es sich dabei um die Originale handeln würde. Sind diese Marken nach dem MarkenG schutzfähig, ergeben sich die Rechte des Markeninhabers wegen Verstoß gegen § 14 Abs. 2

---

[300] *Köhler*-Baumbach/Hefermehl, § 6 UWG Rn. 52.

Nr. 1 MarkenG ausschließlich aus diesem. Hierzu zählen insbesondere der Unterlassungs- und Schadenersatzanspruch (§ 14 Abs. 5, 6 MarkenG). Folge ist, dass nur der Markeninhaber die Ansprüche hat, nicht etwa – wie beim UWG – Verbraucherschutzverbände oder Wettbewerber. In Ausnahmefällen mag es vorkommen, dass eine Nachahmung gegeben ist, ohne dass ein Verstoß gegen das Markenrecht vorliegt, bspw. wenn die Marke noch nicht fest etabliert oder eingetragen ist. In diesem Fall kommen jedenfalls die Ansprüche aus dem UWG zum Tragen.[302]

4.6. Informations- und weitere Pflichten

4.6.1. Informationspflichten nach dem TDG

4.6.1.1. Anwendungsbereich

Gem. § 6 TDG müssen Anbieter geschäftsmäßiger Teledienste eine Reihe von Informationen vorhalten. Unzweifelhaft betrifft dies den Betreiber von Internetauktionsplattformen.[303] Ob allerdings auch Verkäufer diese Informationspflichten erfüllen müssen, ist fraglich.

§§ 2, 3 TDG definiert die wichtigsten Begriffe des Gesetzes autonom. Gem. § 3 S. 1 Nr. 1 TDG ist demzufolge ein Diensteanbieter, wer Teledienste bereithält oder den Zugang vermittelt. Teledienste sind gem. § 2 Abs. 1 TDG wiederum „Informations- und Kommunikationsdienste, die für eine individuelle Nutzung von kombinierbaren Daten [...] bestimmt sind und denen eine Übermittlung mittels Telekommunikation zugrunde liegt.". Nutzer sind schließ-

---

301 *Köhler*-Baumbach/Hefermehl, § 4 UWG Rn. 9.6.
302 *Köhler*-Baumbach/Hefermehl, § 4 UWG Rn. 9.9.
303 Schulze, S. 96.

lich Personen, die Teledienste in Anspruch nehmen, § 3 S. 1 Nr. 2 TDG.

Jedenfalls ist der Verkäufer Nutzer der Teledienstleistungen der Internetauktions-Plattform. Dies schließt jedoch nicht aus, dass er gleichzeitig Anbieter ist. Auch die Nutzer fremder Speicherkapazitäten können Diensteanbieter sein, wenn sie zumindest zeitweise darüber bestimmen können, bspw. durch die Löschung oder Erstellung von Inhalten.[304] Dies ist bei Internetauktionen der Fall. Der Verkäufer nutzt die Kapazitäten des Plattformbetreibers, um Waren oder Dienstleistungen anzubieten. Dies ist gem. § 2 Abs. 2 Nr. 5 TDG ein Teledienst, so dass er folglich als Diensteanbieter zu qualifizieren ist.[305]

Schließlich muss der Teledienst auch geschäftsmäßig sein. Dieser Begriff ist weit auszulegen, so dass eine Gewinnerzielungsabsicht nicht notwendig ist. Vielmehr genügt eine Nachhaltigkeit des Angebots.[306]

4.6.1.2. Inhalt der Pflichten

Die Informationspflichten selbst beinhalten insbesondere Name und Anschrift, E-Mail-Adresse[307] sowie – wenn vorhanden – Register- und Umsatzsteueridentifikationsnummern. Diese Informationen müssen leicht erkennbar, unmittelbar erreichbar und ständig verfügbar sein. Ein Hyperlink bzw. die Angabe auf der „Mich"-

---

[304] *Spindler*-Spindler/Schmitz/Geis, § 3 TDG Rn. 7.
[305] So auch *Schmitz*-Spindler/Wiebe, Kap. 13 Rn. 62; Goldmann, S. 122. A. A. Schulze, S. 96.
[306] *Spindler*-Spindler/Schmitz/Geis, § 6 TDG Rn. 7. Vgl. auch die Ausführungen in Kap. 4.1.3.
[307] Die Pflicht zur Angabe einer Telefonnummer besteht allerdings nicht, OLG Hamm, NJW-RR 2004, 1045.

Seite (mit entsprechendem Hinweis in der Artikelbeschreibung) sind insoweit ausreichend.[308]

Die Regelung ist lediglich für private Verkäufer von Bedeutung, da sich für unternehmerische Verkäufer keine über § 1 Abs. 1 BGB-InfoV hinausgehende Informationspflichten ergeben.

4.6.1.3. Rechtsfolgen

Eine schuldhafte falsche, unvollständige oder fehlende Information kann gem. § 12 Abs. 1 TDG als Ordnungswidrigkeit mit einer Geldbuße verfolgt werden.[309] Weitere Sanktionen könnten sich aus dem UKlaG ergeben. Gem. § 2 Abs. 2 Nr. 2 UKlaG handelt es sich bei den Vorschriften des § 6 TDG um Verbraucherschutzgesetze. Die Ansprüche wurden bereits in Punkt II.3. kurz erläutert.

Schließlich verbleibt noch eine mögliche Sanktionsmöglichkeit nach dem UWG. Dieses ist allerdings nur auf unternehmerische Verkäufer anwendbar. Voraussetzung ist, dass es sich um einen Wettbewerbsverstoß handelt, welcher sich speziell aus § 3 i. V. m. § 4 Nr. 11 UWG, dem Verstoß gegen eine gesetzliche Vorschrift, ergeben könnte. Im Gegensatz zur früheren Rechtsprechung kommt es nach der Novellierung des UWG nicht mehr darauf an, ob der Verkäufer planmäßig handelte oder tatsächlich einen Wettbewerbsvorsprung erlangte.[310] Bereits der objektive Verstoß gegen eine Marktverhaltensvorschrift führt nunmehr zu einer unlauteren Wettbewerbshandlung. Um eine solche handelt es sich

---

308 *Spindler*-Spindler/Schmitz/Geis, § 6 TDG Rn. 18.
309 *Spindler*-Spindler/Schmitz/Geis, § 6 TDG Rn. 39.
310 *Köhler*-Baumbach/Hefermehl, § 4 UWG Rn. 11.56; A. A. *Spindler*-Spindler/Schmitz/Geis, § 6 TDG Rn. 41 f., der sich allerdings im Wesentlichen auf die Rechtsprechung zu § 1 UWG a. F. bezieht.

bei § 6 TDG zweifellos,[311] so dass die Sanktionen des UWG grei-
fen.[312]

4.6.2. Pflichten gem. § 312e BGB

Für unternehmerische Verkäufer bei Internetauktionen ist der
Anwendungsbereich des § 312e BGB zweifellos erfüllt, da es sich
bei diesen – wie soeben ausgeführt – um Teledienste handelt
und sich der Unternehmer dieser zum Vertragsschluss bedient.[313]
Daraus ergeben sich für diesen bestimmte Pflichten, welche sich
aufgrund ihres Inhalts in technisch-organisatorische sowie Informationspflichten unterscheiden lassen.

4.6.2.1. Technisch-organisatorische Pflichten

Die technisch-organisatorischen Pflichten ergeben sich aus
§ 312e Abs. 1 S. 1 Nr. 1, 2 und 4 BGB. Danach muss der Unternehmer dem Kunden die Möglichkeit verschaffen, Eingabefehler
zu sehen und zu korrigieren, die Vertragsbestimmungen bei Vertragsschluss abzurufen und zu speichern sowie den Zugang der
Bestellung unverzüglich auf elektronischem Weg bestätigen. Hier
ergibt sich das Problem, dass der Verpflichtete der Vorschrift, der
Verkäufer, i. d. R. keinen Einfluss auf die technischen Gegebenheiten der Auktionsplattform hat, und somit eine Erfüllung der
Pflichten unmittelbar durch diesen nicht möglich ist. Insoweit hat
sich in der Literatur mittlerweile die Meinung etabliert, dass sich
für den Plattformbetreiber aus dem Nutzungsvertrag eine Verpflichtung gegenüber dem Verkäufer ergibt, die notwendige Inf-

---

[311] *Köhler*-Baumbach/Hefermehl, § 4 UWG Rn. 11.169.
[312] Vgl. Kap. 4.7.
[313] *Wiebe*-Spindler/Wiebe, Kap. 4 Rn. 104; Schulze, S. 79 f.; Goldmann, S.
111.

rastruktur zur Verfügung zu stellen. Der Plattformbetreiber handelt insoweit als Erfüllungsgehilfe des Verkäufers.[314]

Bei eBay sind die technisch-organisatorischen Möglichkeiten zur Pflichtenerfüllung gegeben. Dem Bieter wird nach Eingabe des Gebotsbetrages dieser noch einmal angezeigt und erst nach erneuter Bestätigung wird das Gebot schließlich ausgeführt. Eine Korrektur ist problemlos möglich. Gleichzeitig kann der Nutzer prüfen, ob er mit der richtigen Nutzerkennung eingeloggt ist. Schließlich muss er ggf. das Gebot mit seinem Passwort bestätigen.

Nach Abgabe eines Gebotes wird unmittelbar auf der Website angezeigt, ob ein neues Höchstgebot erreicht wurde. Bereits hierin ist die unverzügliche elektronische Bestellbestätigung zu sehen.[315] Insbesondere wird eine Übermittlung auf einem dauerhaften Datenträger bzw. in Textform nicht gefordert. Zusätzlich erfolgt trotzdem bei Erreichen eines neuen Höchstgebots eine Bestätigung per Email, ebenso wird nach Beendigung der Auktion der Höchstbieter automatisch informiert.

Das Abrufen und Speichern der Vertragsbestimmungen einschließlich AGB ist jederzeit problemlos möglich. Sämtliche Vertragsbestimmungen können mit einem Webbrowser aufgerufen werden, welcher seinerseits die Möglichkeit enthält, diese zu speichern.[316] Dabei wird die Auktionsseite bei eBay im Bereich „Mein eBay" für einen Zeitraum von 90 Tagen vorgehalten. In dieser Zeit kann der Käufer die Webseite speichern, insbesondere kann der Verkäufer hier auch keine nachträglichen Änderungen

---

[314] *Hoffmann*-Leible/Sosnitza, Rn. 251; *Wiebe*-Spindler/Wiebe, Kap. 4 Rn. 112; Schulze, S. 81; Goldmann, S. 117.
[315] Schulze, S. 82.
[316] *Wendehorst*-MüKo, § 312e Rn. 107.

mehr einfügen. Lediglich bei der wenig wahrscheinlichen Variante zusätzlicher Vereinbarungen, die beispielsweise auf telefoni-
schem Weg oder über sog. Instant-Messaging-Programme in den
Vertrag einbezogen wurden, ist es notwendig, diese nochmals
zum Abruf und zur Speicherung zur Verfügung zu. Die zum Teil ge-
forderte geschlossene Zusammenstellung der individuellen Vereinbarungen gemeinsam mit den AGB überspannt meines Erachtens die Anforderungen.[317] Jedenfalls die AGB können auch
getrennt gespeichert werden, da sich sonst die Initiativpflicht hinsichtlich der Informationen auf den Verkäufer verschieben würde. § 312e Abs. 1 S. 1 Nr. 4 BGB sieht diese allerdings – wie sich
eindeutig aus dem Wortlaut ergibt[318] – beim Kunden. Bei Teilung
der Gegenansicht wäre der Verkäufer faktisch gezwungen, für
jede einzelne Auktion dem Kunden nicht nur sämtliche Vertrags-
vereinbarungen, sondern gleichzeitig auch die gesamten AGB in
einem Dokument zu übermitteln, da eine andere Zurverfü-
gungstellung aus technischen Gründen ausscheidet.

4.6.2.2. Informationspflichten

Ein weiterer, mit den vorgenannten technisch-organisatorischen
Pflichten in engem Zusammenhang stehender, Pflichtenbereich
ergibt sich aus § 312e Abs. 1 S. 1 Nr. 2 BGB i. V. m. § 3 BGB-InfoV.
Neben der Art und Weise der Erfüllung der vorgenannten Pflichten muss er über die einzelnen technischen Schritte, die zum Vertragsschluss führen, die zur Verfügung stehenden Sprachen sowie
über einschlägige Verhaltenskodizes für den Verkäufer informieren.

---

[317] So aber *Wendehorst*-MüKo, § 312e Rn. 106.
[318] „... dem Kunden die Möglichkeit zu verschaffen [...] abzurufen und [...]
zu speichern."

Auch hier kann sich der Verkäufer jedenfalls teilweise der Informationen der Plattformbetreiber bedienen.[319] So bietet eBay auf einer Vielzahl von Hilfeseiten sehr ausführliche Anleitungen für sämtliche technischen Schritte. Es würde überzogene Anforderungen stellen und wäre insbesondere der Übersichtlichkeit von Auktionsbeschreibungen abträglich, wenn Verkäufer dies nochmals gesondert mitteilen müssten. Da es nur darauf ankommt, dass der Kunde weiß, auf welche Weise der Vertragsschluss zustande kommt bzw. wie die sonstigen Pflichten erfüllt werden, genügen insoweit diese Informationen.[320]

§ 3 Nr. 4 und 5 BGB-InfoV enthalten Informationspflichten, welche unternehmensspezifisch sind, und daher nur vom Unternehmer selbst erfüllt werden können, wobei sich die zum Vertragsschluss zur Verfügung stehenden Sprachen (Nr. 4) faktisch aus der Artikelbeschreibung ergeben und die Verhaltenskodizes (Nr. 5) bei Internetauktionen keine Bedeutung haben.

4.6.2.3. Rechtsfolgen

§ 312e Abs. 3 S. 2 BGB bestimmt, dass ein ggf. bestehendes Widerrufsrecht nach § 355 BGB nicht vor Erfüllung sowohl der technisch-organisatorischen als auch der Informationspflichten beginnt. Da insbesondere die technisch-organisatorischen Pflichten nicht sinnvoll nachgeholt werden können,[321] beginnt die Widerrufsfrist nie zu laufen. Allerdings ergibt sich daraus nicht, wie *Wendehorst* annimmt, ein „ewiges Widerrufsrecht",[322] da das Widerrufsrecht gem. § 355 Abs. 3 S. 1 BGB sechs Monate nach Vertragsschluss erlischt. Eine Nichterfüllung der Pflichten führt folglich

---

[319] Schulze, S. 83.
[320] Schulze, S. 83.
[321] *Wendehorst*-MüKo, § 312e Rn. 115.
[322] *Wendehorst*-MüKo, § 312e Rn. 116.

lediglich zu einem verlängerten Widerrufsrecht für den Verbraucher.[323]

Auch bei Verstößen gegen § 312e BGB kommen Sanktionen nach dem UKlaG in Frage, da es sich gem. § 2 Abs. 2 Nr. 2 UKlaG ausdrücklich um Verbraucherschutzgesetze handelt. Ebenso bestehen die Ansprüche aus dem UWG. Es gilt insoweit das bereits zum TDG Gesagte entsprechend.

4.7. Sanktionsmöglichkeiten nach dem UWG

Wie dargestellt, stellen nahezu sämtliche Verstöße gegen wettbewerbsrechtliche Regelungen zumindest gem. § 4 Nr. 11 UWG einen Verstoß gegen dieses dar, so dass sich die Sanktionsmöglichkeiten aus diesem ergeben. Diese sollen daher nachfolgend kurz dargestellt werden.

4.7.1. Anspruchsinhaber

In § 8 Abs. 3 UWG ist geregelt, wer Ansprüche aus dem UWG geltend machen kann.

4.7.1.1. Mitbewerber

Der Begriff des Mitbewerbers ist in § 2 Abs. 1 Nr. 3 UWG definiert. Danach ist es erforderlich, dass dieser in einem konkreten Wettbewerbsverhältnis als Nachfrager oder Anbieter zu dem Handelnden steht. Dies schließt nicht nur private Nachfrager aus, sondern ebenso Unternehmer, welche sich auf völlig unterschiedlichen Märkten bewegen. Weiterhin muss der Mitbewerber selbst betroffen sein, so dass bspw. Ansprüche wegen § 4 Nr. 7 UWG nur von dem Mitbewerber geltend gemacht werden dür-

---

[323] A. A. *Thüsing*-Staudinger, § 312e Rn. 62, der nur bei bedeutenden Verstößen von einer Verlängerung der Widerrufsfrist ausgeht.

fen, der von der Herabsetzung bzw. Verunglimpfung unmittelbar betroffen ist.[324] Dies ergibt sich zwar nicht unmittelbar aus dem Gesetz, allerdings mittelbar über § 8 Abs. 4 UWG.

4.7.1.2. Wirtschaftsverbände

Gem. § 8 Abs. 3 Nr. 2 UWG sind weiterhin „rechtsfähige Verbände zur Förderung gewerblicher oder selbständiger beruflicher Interessen" anspruchsberechtigt. Notwendig ist, dass die Verbände „eine erhebliche Zahl" von Mitgliedern haben, die auf demselben Markt tätig sind. Hierzu gehören u. a. die Handwerksinnung, die Kammern der freien Berufe sowie Industrieverbände.[325] Schließlich muss die Zuwiderhandlung die Interessen der Mitglieder berühren.

4.7.1.3. Verbraucherschutzverbände

Bestimmte „qualifizierte Einrichtungen", welche in einer Liste beim Bundesverwaltungsamt geführt werden (§ 4 UKlaG), können gem. § 3 Abs. 3 Nr. 3 UWG ebenfalls die Ansprüche geltend machen.[326] Diese Einrichtungen müssen als Satzungszweck (auch) den Verbraucherschutz verfolgen. Dies gilt auch für ausländische Einrichtungen, welche im entsprechenden Verzeichnis der Kommission der EG geführt werden. An dieses Verzeichnis werden jeweils jährlich die Listen der Mitgliedstaaten übermittelt. Auch hier ergibt sich, dass nur solche Handlungen verfolgt werden dürfen, die auch den Verbraucher beeinträchtigen. Da allerdings nahezu jeder Wettbewerbsverstoß eine Beeinträchtigung des Verbrauchers zur Folge hat, und sei es durch eine entspre-

---

[324] *Köhler*-Baumbach/Hefermehl, § 8 UWG Rn. 3.6, 3.28.
[325] *Köhler*-Baumbach/Hefermehl, § 8 UWG Rn. 3.32 f.
[326] Die Liste ist u. a. abgedruckt in Baumbach/Hefermehl, § 8 UWG Rn. 3.53 (Stand: 03.06.2004).

chende Beeinflussung des Verbrauchers, führt dies praktisch zu keiner Einschränkung.

4.7.1.4. Industrie- und Handelskammern, Handwerkskammer

Auch wenn sich diese Kammern bereits unter die Wirtschaftsverbände unterordnen lassen könnten, werden sie in § 8 Abs. 3 Nr. 4 UWG nochmals gesondert erwähnt. Es gelten hier allerdings keine Besonderheiten, so dass das unter b) gesagte auch auf diese Kammern anwendbar ist.

4.7.2. Beseitigungs- und Unterlassungsanspruch

Der praktisch bedeutsamste Anspruch aus dem UWG ist der Beseitigungs- und Unterlassungsanspruch gem. § 8 Abs. 1 S. 1 UWG. Dabei richtet sich der Beseitigungsanspruch auf bereits begangene, der Unterlassungsanspruch dagegen auf zukünftig drohende Wettbewerbsverstöße.[327]

Im Rahmen des Beseitigungsanspruches wird der Unternehmer verpflichtet, seine wettbewerbswidrige Handlung zu beseitigen. Dies kann entweder durch Entfernen oder Hinzufügen von Informationen geschehen. Gerade das Entfernen von Informationen ist bei Internetauktionen jedoch nur teilweise möglich, da nach einem Gebot der Auktionstext nicht mehr verändert werden, ein Löschen der Auktion nur durch den Plattformbetreiber erfolgen kann.

Der Unterlassungsanspruch soll verhindern, dass der Unternehmer zukünftig eine wettbewerbswidrige Handlung begeht bzw. eine solche wiederholt. Für die erste Variante muss der Anspruchsinhaber darlegen, dass eine solche Handlung unmittelbar droht, während anderenfalls der frühere Wettbewerbsverstoß bereits

---

[327] *Köhler*-Baumbach/Hefermehl, § 8 UWG Rn. 1.7.

die Wiederholungsgefahr impliziert.[328] Die Unterlassungserklärung bzw. ein entsprechendes Urteil verpflichtet den Unternehmer, zukünftig eine genau definierte unlautere Handlung zu unterlassen. Zuwiderhandlungen werden i. d. R. mit einer festgelegten Strafe pro Zuwiderhandlung geahndet.

4.7.3. Schadenersatzanspruch

Gem. § 9 S. 1 UWG steht Mitbewerbern darüber hinaus ein Schadenersatzanspruch gegen den Unternehmer zu, wenn dieser schuldhaft handelt. Jedenfalls bei Verstößen gegen das Wettbewerbsrecht ist grundsätzlich von Fahrlässigkeit auszugehen, da sich ein Unternehmer über die gesetzlichen Vorschriften informieren muss. Eine Ausnahme kann lediglich dann gegeben sein, wenn der Unternehmer mit einer anderen Beurteilung der Gerichte nicht zu rechnen brauchte. Dies ist bspw. dann der Fall, wenn er sich auf einen falschen Rechtsrat oder die falsche Auskunft einer Behörde verlassen durfte. Hierzu zählt auch die Beachtung höchstrichterlicher Rechtsprechung, selbst wenn diese mittlerweile umstritten ist.[329]

Allerdings wird sich die Höhe des Schadens – mit Ausnahme der Rechtsverfolgungskosten – in den meisten Fällen nur schwer berechnen oder gar nachweisen lassen. Insoweit hat nur die Auferlegung der eigenen Rechtsanwaltskosten[330] eine wesentliche praktische Bedeutung.

4.7.4. Gewinnabschöpfung

Mit Ausnahme der Mitbewerber können die Anspruchsinhaber bei vorsätzlichen wettbewerbswidrigen Handlungen weiterhin ei-

---

[328] *Köhler*-Baumbach/Hefermehl, § 8 UWG Rn. 1.11.
[329] *Köhler*-Baumbach/Hefermehl, § 9 UWG Rn. 1.19.
[330] *Köhler*-Baumbach/Hefermehl, § 9 UWG Rn. 1.29.

ne Abschöpfung des Gewinnes verlangen, welchen der Unternehmer aufgrund der Handlung bei einer Vielzahl von Abnehmern erlangt hat, § 10 UWG. Der Gewinn fließt sodann dem Bundeshaushalt zu. Zweck der Regelung ist es, dass sich der Unternehmer nicht an unrechtmäßig erlangten Gewinnen bereichern soll.[331] Dabei bereiten allerdings die Berechnung und der Nachweis dieser Gewinne große Schwierigkeiten, da aufgrund des Kausalitätsprinzips nur diese Beträge abgeschöpft werden dürfen, die gerade aus der wettbewerbswidrigen Handlung resultieren.[332] Im Ergebnis hat die Gewinnabschöpfung aufgrund der schwierigen Beweislage und der Ausgleichspflicht an den Bundeshaushalt nur eine geringe praktische Bedeutung.

4.7.5. *Verjährung*

Beseitigungs- und Unterlassungs- sowie Schadenersatzansprüche verjähren nach sechs Monaten, § 11 Abs. 1 UWG. Der Fristbeginn ist dabei an zwei Bedingungen geknüpft: Zum einen muss der Anspruch entstanden sein, der Wettbewerbsverstoß also begangen worden sein oder unmittelbar drohen. Ggf. muss ebenso der Schaden eingetreten sein.[333] Zum anderen muss der Gläubiger sowohl von den Umständen als auch den Personen Kenntnis erlangt haben. Das grob fahrlässige Nichtkennen ist dabei der Kenntnis gleichgestellt.[334] Dies macht Sinn, da der Gläubiger seinen Anspruch nicht geltend machen kann, bevor er nicht weiß, wer überhaupt Schuldner des Anspruchs ist.

Um andererseits die Verjährungsfrist nicht auf unbestimmte Zeit auszudehnen, werden in § 11 Abs. 3 und 4 UWG Obergrenzen

---

331 *Köhler*-Baumbach/Hefermehl, § 10 UWG Rn. 3.
332 *Köhler*-Baumbach/Hefermehl, § 10 UWG Rn. 7, 14.
333 *Köhler*-Baumbach/Hefermehl, § 11 UWG Rn. 1.19.
334 *Köhler*-Baumbach/Hefermehl, § 11 UWG Rn. 1.28.

aufgestellt. Danach verjähren Schadenersatzansprüche bei Nichtkenntnis spätestens zehn Jahre nach Entstehung des Schadens oder, mangels eines vorherigen Schadens, 30 Jahre nach der auslösenden wettbewerbswidrigen Handlung. Sonstige Ansprüche verjähren danach, unabhängig von der Kenntnis, drei Jahre nach der auslösenden Handlung. Neben den Beseitigungs- und Unterlassungsansprüchen schließt dies insbesondere auch die Gewinnabschöpfungsansprüche ein.[335]

4.8. Gestaltungsvorschläge

Nachdem die grundlegenden Problemfelder dargestellt wurden, werden im Folgenden erneut Klauseln vorgeschlagen, welche der Verkäufer in seine Auktionsbeschreibung aufnehmen kann. Hinsichtlich der formalen Gestaltung wird insoweit auf die bereits in Kap. B. gemachten Aussagen verwiesen. Ergänzend ist anzumerken, dass sich der Verkäufer bei Nutzung der „Mich"-Seite entscheiden sollte, welchen Bereich er damit abdecken möchte. Zur Wahl stehen hier insbesondere die Aufnahme der AGB oder der fernabsatzrechtlichen Informationspflichten. Aus Gründen der Übersichtlichkeit sollten keinesfalls beide Informationsgruppen aufgenommen werden. Grundsätzlich ist es empfehlenswert, AGB auf dieser Seite zu platzieren, wenn diese sehr lang sind, anderenfalls die fernabsatzrechtlichen Informationen.

4.8.1. Versandrisiko

Eine Vielzahl von Internetauktionen enthält die folgende oder eine ähnlich gestaltete Klausel:

Die Versandkosten betragen 5,00 Euro für den unversicherten Versand, 8,00 Euro für den versicherten Versand. Der Verkäufer

---

[335] *Köhler*-Baumbach/Hefermehl, § 11 UWG Rn. 1.18.

übernimmt keine Haftung für den Untergang oder die zufällige Verschlechterung der Ware auf dem Transportweg, wenn der Käufer nicht den versicherten Versand wählt.

Ziel des Verkäufers ist es, sich mit dieser Klausel aus der unmittelbaren Gefahr des zufälligen Untergangs auf dem Transportweg zu entziehen. Auch wenn viele Privatverkäufer diese Klausel nutzen, so erlangt sie faktisch doch nur beim Verbrauchsgüterkauf Bedeutung. Denn für Verträge zwischen Verbrauchern bzw. zwischen Unternehmern ist § 447 BGB einschlägig. Dieser bestimmt, dass die Gefahr in diesen Fällen bereits mit Übergabe an einen Frachtdienst bzw. Spediteur auf den Käufer übergeht. Dies gilt, wie oben ausgeführt,[336] nicht für Verbrauchsgüterkäufe.

Nach der hier vertretenen Ansicht ist die vertragliche Abweichung von der gesetzlichen Regelung grundsätzlich möglich, solange dem Käufer ein Wahlrecht bezüglich der Gefahrtragung geboten wird, die angebotenen Optionen tatsächlich zur Verfügung stehen und die Höhe der optionalen Versandkosten angemessen ist. Dies ist bei dem o. g. Beispiel der Fall. In dieser Konstellation erhält der Käufer ein Wahlrecht, dass er zugunsten niedrigerer Versandkosten auf eine Haftung des Verkäufers verzichtet. Die Folgen seiner Wahl werden eindeutig dargestellt. Ebenso entspricht der Preisunterschied zwischen versichertem und unversichertem Versand annähernd dem Unterschied zwischen versichertem und unversichertem Versand bei der Deutschen Post/DHL.

---

[336] Vgl. Kap. 4.4.1.

4.8.2. Bestimmung zum Widerrufs- bzw. Rückgaberecht

Möchte der Verkäufer statt dem Widerrufsrecht dem Käufer ein Rückgaberecht einräumen, so kann er die folgende Klausel nutzen:

Anstelle des Widerrufsrechts wird dem Käufer ein Rückgaberecht gem. § 356 BGB gewährt. Die Käufer kann den Artikel ohne Angabe von Gründen innerhalb von zwei Wochen nach Erhalt an die folgende Adresse zurücksenden (rechtzeitige Absendung genügt): ...

Durch diese Gestaltung wird das Widerrufsrecht vollständig ausgeschlossen. Hinsichtlich der Vor- und Nachteile von Widerrufs- bzw. Rückgaberecht wird auf die Ausführungen unter Kap. C.II.4. verwiesen.

Entscheidet sich der Verkäufer, dem Käufer ein Widerrufsrecht zu gewähren, sollte er jedenfalls den folgenden Passus in seine Vertragsbedingungen aufnehmen:

Für den Fall des Widerrufs trägt der Käufer die Kosten der Rücksendung, es sei denn, der Endpreis des Artikels übersteigt 40 Euro. Die Rücksendung hat in derselben Art und Weise zu erfolgen, wie der ursprüngliche Versand an den Käufer.

Hiermit wird lediglich die gesetzlich vorgesehene Möglichkeit genutzt, bei geringwertigen Artikeln die regelmäßigen Kosten der Rücksendung dem Käufer aufzuerlegen. Besonderheiten gibt es daher nicht.

4.8.3. Haftungsausschlüsse

Eine Klausel, die man in dieser oder ähnlicher Form bei nahezu jeder Internetauktion findet, die nicht augenscheinlich von einem Unternehmer stammt, lautet wie folgt:

Privatkauf unter Ausschluss der gesetzlichen Gewährleistung.

Ersichtlich fallen unternehmerische Verkäufer nicht unter diese Regelung. Zur Abgrenzung wird auf die entsprechenden Ausführungen in Kap. C.I. verwiesen. Der Gewährleistungsausschluss ist für Unternehmer im Verbrauchsgüterkauf gem. § 475 Abs. 1 S. 1 BGB ohnehin nicht möglich.

Für private Verkäufer gilt allerdings, dass die Gewährleistungsrechte grundsätzlich dispositiv sind.[337] Eine Grenze setzt hier zunächst lediglich § 444 BGB, welcher bei Arglist bzw. bei Übernahme einer Garantie einen Gewährleistungsausschluss verbietet. Da es sich bei den Regelungen zumeist um AGB handelt,[338] muss sich die Formulierung allerdings ebenfalls noch einer Überprüfung durch die §§ 307 – 309 BGB unterziehen. Für Neuwaren greift hier § 309 Nr. 8 lit. b) aa) BGB, welcher einen Haftungsausschluss in AGB verbietet. Jedoch stellt diese Fallkonstellation eher eine Ausnahme dar, da private Verkäufer in der Regel gebrauchte Waren weiterveräußern. Für diese existiert kein entsprechendes Klauselverbot, so dass der Gewährleistungsausschuss für private Verkäufer bei gebrauchten Sachen wirksam ist.

4.8.4. Nettopreisklausel

Wie in Pkt. III ausführlich erörtert wurde, ist es nach diesseitiger Ansicht grundsätzlich möglich, alle Preise als Nettopreise, also ohne die gesetzliche Mehrwertsteuer, anzugeben. Es wurde allerdings ebenfalls dargestellt, dass dies gegen die AGB von e-Bay.de verstößt und folglich eine Reihe von Sanktionsmöglichkeiten droht. Jedoch mag es AGB (auch von deutschen Plattformbetreibern) geben, welche keine Regelung hinsichtlich der

---

[337] *Westermann*-MüKo, § 444 Rn. 1.
[338] Vgl. Kap. 3.5.2.1.

Mehrwertsteuer enthalten. In diesem Fall könnte die folgende Klausel in Betracht kommen:

Sämtliche Preise stellen Nettopreise dar. Es sind jeweils 19 % Mehrwertsteuer hinzuzurechnen.

Ziel einer solchen Klausel ist zum einen die faktische Erhöhung des Endpreises sowie im Ergebnis auch eine Verringerung der Gebühren, welche an den Plattformbetreiber zu zahlen sind. Denn diese berechnen sich aus den Höchstgeboten. Schließlich möchte sich so allerdings auch der unternehmerische Verkäufer im Ergebnis einem privaten Käufer gleichstellen. Denn während der Unternehmer im Regelfall von seinem Verkaufspreis noch die an das Finanzamt abzuführende Umsatzsteuer abziehen muss, kann der private Verkäufer den vollen Preis als Erlös einnehmen.

Allerdings muss die Klausel auch wirksam in den Vertrag einbezogen sein, insbesondere im Hinblick auf die Inhaltskontrolle der §§ 307 – 309 BGB. Jedenfalls ist weder § 308 BGB noch § 309 BGB anwendbar, da keine der Fallgruppen betroffen ist. Insofern verbleibt zunächst lediglich die Grundbestimmung des § 307 Abs. 1 S. 1 BGB. Voraussetzung ist allerdings gem. § 307 Abs. 3 S. 1 BGB, dass von Rechtsvorschriften abgewichen wird. Dies ist nicht der Fall, da die Preisangabenverordnung, welche Bruttopreise vorschreibt, auf Internetauktionen nicht anwendbar ist.

Schließlich könnte diese Klausel gem. § 305c Abs. 1 BGB gar nicht erst Vertragsbestandteil werden. Dies gilt für Klauseln, die nach den Umständen so ungewöhnlich sind, dass der Vertragspartner nicht mit diesen zu rechnen braucht. Dies ist bspw. dann der Fall, wenn die Klausel von den üblichen Vertragsbedingungen abweicht.[339] Dies ist meines Erachtens hier der Fall. Die Angabe von

---

[339] *Heinrichs-Palandt*, § 305c Rn. 3.

Brutto-Endpreisen ist ganz üblich und für die meisten Geschäfte auch gesetzlich vorgeschrieben. Dies ergibt sich ebenso aus der bereits zitierten entsprechenden Vorschrift in den AGB von e-Bay.de. Schließlich muss die Klausel für den Vertragspartner auch subjektiv überraschend sein. Ist dieser vor Vertragsschluss explizit auf diese Klausel hingewiesen worden und hat sich daraufhin mit dieser einverstanden erklärt, kann hierin eine Individualabrede zu sehen sein, was eine Anwendung von § 305c Abs. 1 BGB ausschließt.[340] Diese Möglichkeit kann allerdings für Internetauktionen weitgehend ausgeschlossen werden, da ein vorvertraglicher Kontakt der Parteien in der Regel nicht stattfindet und somit die Möglichkeit des expliziten Hinweises nicht gegeben ist.

Überraschend i. S. d. Gesetzes bedeutet aber insbesondere auch, dass der Vertragspartner geradezu überrumpelt wird.[341] Ob eine solche Überrumpelung anzunehmen ist, wenn die Klausel deutlich und im entsprechenden Zusammenhang in der Angebotsbeschreibung zu finden ist, erscheint mir zweifelhaft. Denn die Angebotsbeschreibung ist jedenfalls formal nicht mit „üblichen" AGB vergleichbar. Während diese nämlich meist nur ein Nebenwerk zur eigentlichen Absprache darstellen und sehr umfangreich sind, stellt die Angebotsbeschreibung faktisch den kompletten Vertragstext dar, dies regelmäßig mit einem begrenzten Umfang. Eine Überrumpelung ist daher dann nicht anzunehmen, wenn sich die Klausel in unmittelbarer Nähe zu sämtlichen weiteren preisrelevanten Angaben befindet, insbesondere den Versandkosten.

Im Ergebnis muss jeweils im Einzelfall geprüft werden, ob eine überraschende Klausel gegeben ist, welche folglich gem. § 305c

---

340 *Basedow-MüKo*, § 305c Rn. 8.
341 *Basedow-MüKo*, § 305c Rn. 10.

Abs. 1 BGB nicht Vertragsbestandteil wird. Pauschal lässt sich dies weder ausschließen noch eindeutig bejahen.

5. Internationale Internetversteigerungen

Bei bestimmten Waren, z. B. Sammlerartikel oder Antiquitäten, kann der Verkäufer einen größeren Interessentenkreis erreichen, wenn er diese nicht auf der heimischen, sondern einer ausländischen Versteigerungsplattform anbietet. So gibt es innerhalb des eBay-Verbundes eine Vielzahl von nationalen Plattformen, welche alle mit dem gleichen Benutzernamen genutzt werden können.

Aus dem Anbieten und Verkaufen auf ausländischen Plattformen ergeben sich für den Verkäufer verschiedene Rechtsfragen, welche im Folgenden anhand des eBay-Verbundes erörtert werden. Dies beginnt bei den unterschiedlichen AGB der nationalen Plattformen und reicht über die Problematik des anwendbaren Rechts bis hin zur Festlegung des Gerichtstandes. Insbesondere die Fragen zum anwendbaren Recht sind auch für die Fälle wichtig, in welchen ausländische Käufer Vertragspartner werden.

5.1. Unterschiede innerhalb der AGB der verschiedenen Plattformen

Obwohl die verschiedenen nationalen Versteigerungsplattformen alle zum eBay-Verbund gehören, haben sie doch zum Teil erheblich abweichende AGB. Diese Unterschiede werden zunächst kurz dargestellt, bevor anschließend die Einbeziehung dieser AGB in den Vertrag genauer untersucht wird.

5.1.1. Ausgewählte Unterschiede in den AGB der eBay-Plattformen

Der erste auffällige Unterschied zwischen den Plattformen sind die unterschiedlichen Gebühren für das Einstellen von Artikeln,

die Verkaufsprovision sowie die Zusatzoptionen.[342] Diese sind teilweise durch die unterschiedlichen verwendeten Währungen
bedingt. Jedoch auch innerhalb des Euro-Raumes gibt es große
Unterschiede. So variieren die Kosten für das Anbieten eines Artikels mit Startpreis 10,00 Euro zwischen 0,30 Euro in den Niederlan-
den und 0,80 Euro in Österreich und Deutschland.

Ein weiterer Unterschied betrifft die Mehrwertsteuer bzw. Sales
Tax. Während die deutschen eBay-AGB vorschreiben, dass die
genannten Preise Endpreise einschließlich der gesetzlichen
Mehrwertsteuer sein müssen,[343] enthalten bspw. die AGB der
englischen und US-amerikanischen eBay-Plattform einen solchen
Passus nicht.

Dagegen verbieten die AGB der englischen Plattform faktisch
eigene, entgegenstehende Verkaufsbedingungen der Verkäufer, indem sie bestimmen, dass die AGB über allen Verkaufsbedingungen des Verkäufers stehen.[344] Eine solche Regelung existiert wiederum in den deutschen AGB nicht.

Schließlich regelt die AGB der englischen eBay-Plattform, dass
ein Gebot bei Übergebot nicht erlischt und folglich – falls das
Übergebot wirksam zurückgezogen wird – wieder als Höchstgebot auflebt.[345] Wie bereits dargestellt, bestimmen demgegenüber die deutschen AGB ausdrücklich ein solches Erlöschen.[346]

Diese kurze, keinesfalls vollständige, Auflistung zeigt, dass es
durchaus sehr relevante Unterschiede zwischen den verschiede-

---

[342] Eine Übersicht über die Gebühren findet sich jeweils unter
http://pages.ebay.XX/help/sell/fees.html, wobei XX durch den jeweiligen Ländercode (z. B. de für Deutschland) zu ersetzen ist.

[343] § 8 Nr. 6 AGB-eBay.de.

[344] Vgl. Ziff. 17 Abs. 2 AGB-eBay.co.uk; http://pages.ebay.co.uk/
help/policies/user-agreement.html (zuletzt abgerufen am: 31.07.2006).

[345] Ziff. 4 Abs. 1 AGB-eBay.co.uk.

nen AGB gibt. Im folgenden Abschnitt ist nun zu hinterfragen, wie diese Unterschiede und mithin die „fremden" AGB Bestandteil des Vertrages werden.

5.1.2. Einbeziehung der „fremden" AGB

Die Einbeziehung der „fremden" AGB ist im Rahmen des eBay-Verbundes insbesondere deswegen problematisch, da der Verkäufer diese zunächst nicht gesondert bestätigen muss, denn auf der ausländischen Plattform erfolgt keine neue Registrierung. Vielmehr wird auch die ausländische Plattform mit dem bereits auf der einheimischen Plattform eingerichteten Nutzernamen und Nutzerkonto genutzt. Allerdings weisen die AGB von eBay.de (und ähnlich auch die untersuchten AGB der anderen eBay-Plattformen) in der Einleitung darauf hin, dass sich die Mitglieder vor Nutzung einer fremden eBay-Plattform mit deren AGB vertraut machen und diese beachten müssen. Ob allein hieraus bereits eine Einbeziehung der fremden AGB gefolgert werden kann, wird im Folgenden diskutiert. Dabei ist zwischen dem Verhältnis zu anderen Nutzern und dem Verhältnis zur Versteigerungsplattform zu unterscheiden.

5.1.2.1. Verhältnis zu anderen Nutzern

Wie bereits oben dargestellt[347], bilden die AGB des Plattformbetreibers in Zweifelsfällen die Auslegungsgrundlage für die Willenserklärungen von Einstellern und Bietern. Damit der Inhalt der Erklärungen – sofern er nicht aus sich heraus eindeutig ist – von beiden Parteien gleich verstanden wird, muss er auf dem gleichen Verständnishorizont und daher auch auf den gleichen AGB beruhen. Eine Einbeziehung im Sinne des AGB-Rechts, bspw.

---

[346] § 9 Ziff. 2 AGB-eBay.de.
[347] Vgl. Kap. 3.5.1.

161

gem. § 305 Abs. 2 BGB, ist hierfür nicht erforderlich, da die AGB nicht Bestandteil des Vertrages mit dem Vertragspartner werden.[348] Vielmehr genügen die entsprechende Verpflichtung sowie die Möglichkeit, die „fremden" AGB zur Kenntnis zu nehmen. Da die verschiedenen Websites des eBay-Verbundes alle ähnlich aufgebaut sind, befindet sich auch der Link zu den AGB immer an der selben Stelle.[349]

Sollte ein Nutzer von der Möglichkeit, die „fremden" AGB zur Kenntnis zu nehmen, keinen Gebrauch machen, so muss ihm das jedenfalls im Verhältnis zu den anderen Nutzern zugerechnet werden. Diese haben zum einen keine Möglichkeit herauszufinden, auf welcher nationalen Website sich der andere Nutzer ursprünglich registriert hat, welche AGB er folglich zu diesem Zeitpunkt ausdrücklich akzeptiert hat. Allein die Tatsache, dass ein Nutzer aus Deutschland kommt, bedeutet nicht, dass er sich auch über die deutsche eBay-Website registriert hat. Gründe für eine solche Abweichung können z. B. ein Umzug oder eine Registrierung vor Eröffnung der nationalen eBay-Website – dann meist bei der Hauptseite eBay.com – sein. Zum anderen können sie aufgrund der in den AGB enthaltenen Verpflichtung zur Kenntnisnahme fremder AGB sowie dem Hinweis auf allen Webseiten, dass die Benutzung aufgrund der AGB geschieht, darauf vertrauen, dass auch der anderen Partei die AGB bekannt sind, der Empfängerhorizont sich folglich auch an diesen ausrichtet.

Als problematisch erweist sich dies immer dann, wenn dem Bieter überhaupt nicht bewusst ist, dass er mit einem Nutzer kontrahieren möchte, der seinen Artikel auf einer ausländischen eBay-

---

348 Vgl. Kap. 3.5.1.
349 Der Link zu den AGB befindet sich auf jeder dargestellten eBay-Seite immer ganz unten.

Plattform eingestellt und daher auch deren AGB zugrunde gelegt hat. Dies ist z. B. dann der Fall, wenn der Bieter den Artikel über eine Suche auf seiner Heimatplattform erreicht hat oder direkt über die im eBay-Verbund einzigartige Artikelnummer auf die Angebotsseite gelangt ist. In diesem Fall erscheint die, bspw. über die französische eBay-Plattform eingestellte, Artikelseite in der einheimischen (hier also der deutschen) Maske. Dabei werden insbesondere sämtliche Systeminformationen in deutscher Sprache dargestellt. Hierzu gehört auch die Information über die AGB. Zwar mögen Indizien darauf hindeuten, dass die Auktion ursprünglich auf einer anderen Plattform gestartet wurde, bspw. die Sprache Auktionsbeschreibung, Artikelstandort oder Währung. Jedoch kann lediglich die Währung einen relativ sicheren Aufschluss über den Ursprung der Auktion geben, da jede nationale Auktionsplattform nur Angebote in der jeweiligen Heimatwährung akzeptiert. Auf das gewählte Beispiel hat dies selbstverständlich wiederum keinen Einfluss, da sowohl Frankreich als auch Deutschland den Euro als Landeswährung führen. Artikelstandort und Sprache der Auktion führen dagegen zu keinen ausreichend gesicherten Vermutungen über den Ursprung der Auktion, da der Verkäufer diese frei angeben kann, egal von welcher nationalen Plattform er die Auktion einstellt.

Folge dieser Überlegung ist, dass in dieser speziellen Situation der Bieter weiterhin von der Gültigkeit seiner nationalen AGB ausgeht, der Verkäufer ebenso von seinen teilweise abweichenden nationalen AGB. Die AGB können also im Ergebnis jedenfalls nicht in ihrer Gesamtheit als Auslegungsgrundlage fungieren, da beide Parteien von unterschiedlichen AGB ausgingen.

Auch wenn dem Bieter bewusst ist, dass es sich bei dem Artikel um einen solchen handelt, welcher auf einer ausländischen e-

Bay-Plattform eingestellt wurde, nämlich wenn die Auktionswährung abweicht, kann der Bieter nicht ohne weiteres Kenntnis von den fremden AGB nehmen. Denn da sämtliche Informationen in der Maske der eigenen Plattform erscheinen, verweist auch der Link zu den AGB lediglich auf diese der Heimatplattform.

Im Ergebnis können die Nutzer folglich nicht sicher davon ausgehen, dass beide Parteien auf der Grundlage derselben AGB agieren. Die AGB werden also nicht in ihrer Gesamtheit zur Auslegungsgrundlage. Allerdings sollten hier jedenfalls die übereinstimmenden AGB-Regeln, welche Bestandteil des Verständnishorizontes beider Parteien geworden sind, insoweit auch Auslegungsgrundlage werden. Hierzu gehören insbesondere die Regeln zum Vertragsschluss, die in sämtlichen eBay-AGB nahezu identisch sind.

5.1.2.2. Verhältnis zum Plattformbetreiber

Gegenüber den Plattformbetreibern sind die AGB nicht nur Auslegungsgrundlage, sondern Bestandteil des Nutzungsvertrages. Für ihre Wirksamkeit müssen sie folglich wirksam einbezogen werden. Zur Beantwortung der Frage der wirksamen Einbeziehung muss auf das jeweils anwendbare Recht zurückgegriffen werden. Die Regeln zur Bestimmung dieses Rechts werden in Abschnitt II. erläutert. An dieser Stelle soll die Frage lediglich bei angenommener Geltung deutschen Rechts beantwortet werden.

Gem. § 305 Abs. 2 BGB bedarf es für eine wirksame Einbeziehung der AGB sowohl des Hinweises auf die AGB als auch der Möglichkeit der Kenntnisverschaffung „bei Vertragsschluss" sowie des Einverständnisses des Nutzers mit der Geltung. Hinweis und die Möglichkeit der Kenntnisverschaffung müssen also bereits vor Abschluss des ursprünglichen Nutzungsvertrages gegeben sein. Zu diesem Zeitpunkt wird dem Nutzer in den wenigsten Fällen bekannt sein, ob und bei welchen weiteren eBay-Plattformen er in Zukunft handeln wird, so dass ein konkreter Hinweis auf bestimmte weitere AGB überhaupt nicht möglich ist. Die AGB von eBay.de weisen aber ihrerseits in den Vorbemerkungen darauf hin, dass sich die Nutzer bei Nutzung der Marktplatz-Websites anderer eBay-Gesellschaften mit deren AGB vertraut machen und diese beachten müssen. Dies ist als ausdrücklicher Hinweis im Sinne von § 305 Abs. 2 Nr. 1 BGB meines Erachtens ausreichend.

Hinzu kommt, dass in dem konkreten Fall meines Erachtens ein Hinweis erst dann notwendig wird, wenn die AGB der ausländischen Plattform tatsächlich Relevanz erlangen. Dies ist erst dann der Fall, wenn diese Plattform tatsächlich genutzt wird, also der Nutzer Gebote abgibt oder Artikel einstellt. Insoweit bestehen hier auch Ähnlichkeiten zur grundsätzlich möglichen nachträglichen Einbeziehung von AGB.[350] Der ausdrückliche Hinweis, dass die AGB der jeweiligen Plattform gelten, findet sich auf sämtlichen Webseiten aller eBay-Plattformen ganz unten auf der Seite. In Verbindung mit der oben angesprochenen Verpflichtung aus den AGB von eBay.de ergibt sich im Ergebnis, dass jedenfalls die Bedingung des ausdrücklichen Hinweises gem. § 305 Abs. 2 Nr. 1 BGB erfüllt ist.

Auch die Möglichkeit der Kenntnisnahme vom Inhalt der fremden AGB gem. § 305 Abs. 2 Nr. 2 BGB ist grundsätzlich gegeben, jedenfalls soweit die ausländische eBay-Website zum Zeitpunkt des Vertragsschlusses bereits existiert. Eine konkrete Kenntnis vom Inhalt wird der Nutzer allerdings stets erst dann nehmen, wenn er tatsächlich auf der fremden Website Transaktionen tätigen möchte. Dies ist allerdings, wie soeben bereits ausgeführt, ausreichend, da erst zu diesem Zeitpunkt die „fremden" AGB eine tatsächliche Relevanz erlangen. Die zumutbare Möglichkeit zur Kenntnisnahme besteht auch, da im Rahmen des ausdrücklichen Hinweises immer auch ein Link zu den AGB enthalten ist. Darauf, dass der Nutzer den Link auch tatsächlich anklickt, kommt es nicht an, vielmehr muss lediglich die Möglichkeit der Kenntnisnahme bestehen.[351]

In dem unter Punkt a) genannten Ausnahmefall, dass der Bieter ohne es zu bemerken auf eine Auktion stößt, welche über eine ausländische eBay-Plattform eingestellt wurde, werden die ausländischen AGB allerdings nicht einbezogen und folglich auch nicht Bestandteil des Nutzungsvertrages, welcher weiterhin auf den einheimischen AGB beruht.

5.2. Anwendbares Recht

Eine weitere Frage, mit welcher sich der Verkäufer bereits vor der Wahl einer ausländischen Plattform auseinandersetzen sollte, ist die des anwendbaren Rechts. Dabei sind gerade für den unternehmerischen Verkäufer grundsätzlich zwei Konstellationen zu unterscheiden. Zum einen muss festgestellt werden, das Recht welchen Staates bzw. welcher Staaten – insbesondere im Hinblick auf das Wettbewerbsrecht – während der Auktionslaufzeit anwendbar ist (Auktionsverhältnis). Zum anderen ist nach Abschluss der Auktion zu bestimmen, welchem Recht der Vertrag selbst und damit auch die Abwicklung unterliegen (Vertragsverhältnis). Hier kann es durchaus zu unterschiedlichen Ergebnissen kommen.

---

[350] Vgl. *Basedow-MüKo*, § 305 Rn. 75 f.
[351] Stoffels, Rn. 276.

5.2.1. Allgemeine Regeln zur Feststellung des anwendbaren Rechts

Die Frage, welches Recht für einen bestimmten Sachverhalt anwendbar ist, richtet sich grundsätzlich nach dem jeweiligen Internationalen Privatrecht (IPR). Dieses IPR ist nicht etwa, wie der Name vermuten lässt, international einheitlich. Vielmehr hat jeder Staat sein eigenes IPR. Hinsichtlich des insbesondere für Pkt. 3 relevanten vertraglichen Schuldrechts sind die Regelungen zumindest innerhalb der EU-Staaten allerdings im Wesentlichen identisch.[352] Die Gerichte wenden dabei immer von Amts wegen ihr eigenes IPR an.[353] Insoweit sollte bereits im vorgerichtlichen Stadium darauf geachtet werden, bei welchen Gerichten im Zweifel ein Rechtsstreit zu behandeln wäre und welches IPR daraus folgend anwendbar ist.

Voraussetzung für die Anwendbarkeit des IPR ist ein internationaler Sachverhalt, d. h. es müssen tatsächliche Berührungspunkte mit mind. zwei verschiedene Rechtsordnungen bestehen. Dabei genügt allein die Tatsache, dass ein Vertrag über ein „internationales Medium" wie das Internet geschlossen wird, nicht.[354] Vielmehr müssen sich die Berührungspunkte aus den handelnden Parteien bzw. dem Vertrag selbst ergeben.[355] Die Identifizierung der Berührungspunkte unterscheidet sich bei Auktions- und Vertragsverhältnis, so dass auf Details erst in den entsprechenden Unterpunkten eingegangen wird.

---

352 Bücker, S. 110; *Heldrich*-Palandt, Vorb. v. Art. 27 EGBGB Rn. 1.
353 *Heldrich*-Palandt, Einl. v. Art. 3 EGBGB Rn. 1.
354 Bücker, S. 111 f.
355 v. Hoffmann/Thorn, § 10 Rn. 30.

Im folgenden Teil wird grundsätzlich von der Anwendbarkeit des deutschen IPR ausgegangen, da die ggf. unterschiedlichen nationalen IPR nicht Gegenstand der Arbeit sein sollen.

Nach deutschem IPR wird das anwendbare Recht bei vertraglichen Schuldverhältnissen in drei Prüfungsschritten bestimmt. An erster Stelle stehen völkerrechtliche Verträge, wenn sie unmittelbar anwendbares nationales Recht geworden sind (Art. 3 Abs. 2 EGBGB). Wichtigstes Beispiel für einen solchen Vertrag hinsichtlich der Problematik dieser Arbeit ist das UN-Kaufrecht (CISG). Sollte ein solcher völkerrechtlicher Vertrag nicht existieren, ist als nächstes zu prüfen, ob eine wirksame Rechtswahl stattgefunden hat (Art. 27 EGBGB). Dabei sind insbesondere auch die Verbraucherschutzregelungen des Art. 29 EGBGB zu beachten. Wurde schließlich auch kein bestimmtes Recht wirksam gewählt, ist über die weiteren Anknüpfungspunkte der Art. 28 ff. EGBGB das anwendbare Recht zu bestimmen.

Bei außervertraglichen Schuldverhältnissen entfällt der zweite Prüfungsschritt. Das anwendbare Recht ergibt sich aus Art. 38 ff. EGBGB.

5.2.2.   Anwendbares Recht während Auktionslaufzeit (Auktionsverhältnis)

Im Auktionsverhältnis sind zwei Konstellationen zu unterscheiden. Zum einen geht es um das Vertragsverhältnis zwischen Auktionsplattform und Nutzer, folglich ein vertragliches Schuldverhältnis. Zum zweiten ist insbesondere für die gewerblichen Einsteller die wettbewerbsrechtliche Problematik als außervertragliches Schuldverhältnis zu beachten.

5.2.2.1. Vertragsverhältnis Versteigerungsplattform – Nutzer

Jeder Nutzer geht mit der Versteigerungsplattform einen Nutzungsvertrag ein. Dabei existiert, egal bei wie viel verschiedenen nationalen eBay-Plattformen der Nutzer tätig wird, nur ein Nutzungsvertrag, nämlich mit der Plattform, bei welcher die ursprüngliche Registrierung vorgenommen wurde. Bei Streitigkeiten aus diesem Vertrag muss – wenn nicht beide Parteien im selben Land ansässig sind – festgestellt werden, nach welchem Recht diese Streitigkeiten zu behandeln sind. Dabei ist weiterhin zu beachten, dass der Abschluss eines Nutzungsvertrages technisch bedingt nur bei der Plattform des Landes möglich ist, in welchem der Nutzer ansässig ist. Sollte der Nutzer versuchen, die Registrierung von einer anderen nationalen eBay-Plattform aus zu starten, würde spätestens bei Angabe der Adresse eine Weiterleitung zur heimischen Plattform erfolgen. Daraus folgt, dass die Problematik faktisch nur dann Bedeutung erlangt, wenn zum Zeitpunkt des Abschlusses des Nutzungsvertrages eine einheimische eBay-Plattform nicht existiert.

Da dies für in Deutschland ansässige Nutzer nicht der Fall ist, diese Arbeit sich aber insbesondere an diese richtet, wird hier auf weitere Ausführungen verzichtet.

5.2.2.2. Anwendbares Wettbewerbsrecht

Auch Internetauktionen sind nicht vor wettbewerbsrechtlichen Streitigkeiten gefeit, seien es Ansprüche aus dem Markenrecht, dem unlauteren Wettbewerb oder Verstöße gegen Verbraucherschutzvorschriften. Da für dieses Rechtsgebiet keine völkerrechtlichen Verträge existieren, muss auf das jeweilige nationale Recht zurückgegriffen werden.

Innerhalb der EG bzw. des EWR gilt für Internetauktionen das Herkunftslandprinzip des § 4 Abs. 1 TDG.[356] Dies bedeutet, dass Teledienste, die nach dem Recht ihres Heimatlandes gesetzestreu handeln, auch in den weiteren Mitgliedstaaten so behandelt werden müssen, selbst wenn dort andere, strengere Vorschriften herrschen.[357] Für die meisten wettbewerblich relevanten Verbraucherschutzvorschriften hat dies keine besondere Bedeutung, da sie i. d. R. auf europäischen Vorgaben beruhen und in allen Mitgliedstaaten einheitlich umgesetzt wurden. Ausnahmen können sich allerdings im Detail ergeben.

Als kurzes Beispiel für eine solche Ausnahme soll das Widerrufsrecht dienen. In der Fernabsatz-Richtlinie wurden Versteigerungen grundsätzlich von der Anwendung ausgeschlossen.[358] Wie bereits dargestellt,[359] ist der deutsche Gesetzgeber über die Vorgaben der Richtlinie hinausgegangen, und hat insoweit nicht nur die Informationspflichten für anwendbar erklärt, sondern den Ausnahmetatbestand so eingeschränkt, dass Internetauktionen nach Rechtsprechung des BGH regelmäßig hiervon ausgenommen sind, ein Widerrufsrecht folglich besteht. Dagegen spricht bspw. das österreichische Recht in § 5b Nr. 4 KSchG[360] wie die Richtlinie lediglich von „Versteigerungen", was Internetauktionen einschließt.[361] Der österreichische Gesetzgeber hielt sich insoweit vollständig an die Vorgaben der Richtlinie, so dass gem. § 5b KSchG nicht nur das Widerrufsrecht sondern ebenso auch sämtli-

---

356 Zur Anwendbarkeit des TDG vgl. Kap. 4.6.1.
357 Ahrens, CR 2000, 835 (840).
358 Richtlinie 1997/7/EG des Europäischen Parlaments und des Rates vom 20.05.1997 über den Verbraucherschutz bei Vertragsschlüssen im Fernabsatz, Abl. EG Nr. L 144, S. 19.
359 Kap. 4.2.4.1.
360 Konsumentenschutzgesetz, abrufbar unter: http://www.i4j.at/gesetze /bg_kschg01.htm#§_5b. (zuletzt abgerufen: 29.06.2006).

che Informationspflichten keine Anwendung finden.[362] Es zeigt sich also bereits an diesem Beispiel, dass trotz Harmonisierung noch immer teilweise eklatante Unterschiede bei der jeweiligen Anwendung nationaler Rechte bestehen.

Außerhalb des Geltungsbereichs des TDG ist auf das jeweilige nationale IPR zurückzugreifen. Innerhalb des deutschen IPR wird insoweit, da für das Wettbewerbsrecht keine eigenen Vorschriften existieren, auf die Regeln zur unerlaubten Handlung (Art. 40 f. EGBGB) verwiesen. In der Rechtsprechung hat sich aus Art. 40 Abs. 1 S. 1 EGBGB das Marktortprinzip fest etabliert.[363] Dies bedeutet, dass wettbewerbsrechtliche Fragen an das Recht des Ortes angeknüpft werden, an dem sie wirken. Dadurch soll erreicht werden, dass an diesem Ort bzw. diesem Markt ein einheitlicher Ordnungsrahmen geschaffen wird.[364] Das Problem bei Internetauktionen ist allerdings, dass diese grundsätzlich weltweit abrufbar sind, der Verkäufer folglich weltweit sämtliche geltenden – sich im Zweifel gar widersprechenden - wettbewerbsrechtlichen Regeln einhalten müsste.[365] Da dieses Ergebnis unbillig ist, muss dem Verkäufer die Möglichkeit gegeben werden, sein Angebot auf bestimmte Märkte entweder durch Ausgrenzung oder bewusster Einbeziehung einzuschränken. Dies kann entweder ausdrücklich in Form eines Disclaimers[366] oder konkludent durch die Ausrichtung des Angebots geschehen.[367] Eine betriebsinterne

---

361 Vgl. Gurmann, S. 117 m. w. N.
362 A. A. Hahn/Wilmer, Kap. F Rn. 6, welche dies allerdings aus dem abweichenden deutschen Recht ableiten.
363 *Mankowski*-Spindler/Wiebe, Kap. 11 Rn. 131 m. w. N.
364 *Mankowski*-Spindler/Wiebe, Kap. 11 Rn. 131.
365 *Freitag*-Leible/Sosnitza, Rn. 912.
366 Dieser muss selbstverständlich auch eingehalten werden, sonst hat er lediglich Indizienwirkung. *Moritz/ Hermann*-Moritz/Dreier, Kap. D Rn. 609.
367 OLG Frankfurt/M., K & R 1999, 138 (139); *Freitag*-Leible/Sosnitza, Rn. 912; *Mankowski*-Spindler/Wiebe, Kap. 11 Rn. 133.

Weisung genügt insoweit nicht, die Ausrichtung muss nach außen gerichtet sein.[368] So richtet sich das Angebot, wenn der Verkäufer ausdrücklich nur innerhalb Deutschlands verschickt, ersichtlich auch nur an den deutschen Markt. Obwohl das Angebot auch aus anderen Ländern abgerufen werden kann, wirkt es sich so doch nicht auf den dortigen Markt aus.[369]

Teilweise wird vertreten, dass nur dann ein Ort Marktort wird, wenn die Website jedenfalls eine Ausrichtung auf diesen Ort wünscht. Hierfür müssten gewisse Spürbarkeitskriterien entwickelt werden. Die Überlegung basiert auf der Annahme, dass die jeweiligen nationalen Wettbewerbsregeln nicht grenzenlos exportiert werden dürfen.[370] Wie diese Spürbarkeitskriterien definiert werden sollen, bleibt allerdings unklar. Meines Erachtens kann es hierauf auch nicht ankommen. Denn durch die weltweite Abrufbarkeit hat der Werbende den Vorteil einer faktisch unbegrenzten Erreichbarkeit. Wenn er dies nicht wünscht, muss er dies klarstellen. Anderenfalls muss er sich dem Nachteil des weltweiten Marktortes stellen.

5.2.3. Anwendbares Recht nach Abschluss der Auktion (Vertragsverhältnis)

Im Vertragsverhältnis geht es um das zwischen Käufer und Verkäufer anwendbare Recht. Hier kann es sehr häufig vorkommen, dass die Parteien aus unterschiedlichen Staaten kommen. Ist dies der Fall, muss geprüft werden, welches Recht auf den geschlossenen Vertrag anwendbar ist.

---

[368] OLG Frankfurt/M., K & R 1999, 138 (139);
[369] *Moritz/Hermann-Moritz/Dreier*, Kap. D Rn. 607.
[370] Ernst, NJW-CoR 1999, 302 (303).

5.2.3.1. Völkerrechtliche Verträge

Zur Feststellung des anwendbaren Rechts ist zunächst zu prüfen, ob ein völkerrechtlicher Vertrag im Sinne von Art. 3 Abs. 2 EGBGB einschlägig ist. Für die zu betrachtenden Sachverhalte kommt nur das bereits erwähnte UN-Kaufrecht in Frage. Dieses muss sachlich, räumlich und persönlich anwendbar sein.

Die Anwendbarkeit des UN-Kaufrecht ist in Art. 1 Abs. 1 CISG geregelt. Danach muss es sich zum einen um Kaufverträge über Waren handeln, zum zweiten müssen die Parteien ihre Niederlassung in verschiedenen Staaten haben und zum dritten müssen diese Staaten entweder Vertragsstaaten[371] des CISG sein oder das IPR muss auf das Recht eines Vertragsstaates verweisen. Dabei muss sich die Tatsache, dass sich die Niederlassungen in verschiedenen Ländern befinden, aus dem Vertrag bzw. der diesem vorhergehenden Geschäftsbeziehung ergeben (Art. 1 Abs. 2 CISG).

In Art. 2 CISG werden zudem verschiedene Ausschlusstatbestände hinsichtlich der Anwendbarkeit des UN-Kaufrecht genannt. So findet es gem. Art. 2 lit. a) CISG insbesondere keine Anwendung auf Käufe für den persönlichen Gebrauch, es sei denn, dass der Verkäufer dies nicht wusste oder hätte wissen müssen. Damit ist bereits ein Großteil der bei Internetversteigerungen geschlossenen Verträge von der Anwendung des CISG ausgeschlossen, da in den meisten Fällen der Kauf gerade für den persönlichen Gebrauch bestimmt ist und dem Verkäufer dies auch so bewusst ist. Übrig bleiben folglich nur solche Käufe, die für die gewerbliche oder selbständige Tätigkeit des Käufers getätigt werden.

---

[371] Eine Auflistung der Vertragsstaaten findet sich u. a. bei Jayme/Hausmann, Nr. 77 Fn. 1.

Ein weiterer Ausnahmetatbestand sind Käufe, die bei Versteigerungen zustande gekommen sind, Art. 2 lit. b) CISG. Fraglich ist auch hier, ob damit auch Internetauktionen oder lediglich die „klassischen" Versteigerungen gemeint sind. Die allgemeine Verwendung des Begriffes „Versteigerung" (auction, vente aux enchères[372]) deutet jedenfalls darauf hin, dass unter diese Fallgruppe jede Form einer Versteigerung fallen soll. Dies deckt sich auch mit dem Sinn und Zweck des Ausschlusses von Versteigerungen aus dem Anwendungsbereich des CISG. Neben der Tatsache, dass Versteigerungen regelmäßig nationalen Sonderregeln am Versteigerungsort unterliegen, ist vor allem von Bedeutung, dass es für den Verkäufer erst unzumutbar spät, nämlich erst im Augenblick des Vertragsschlusses, endgültig feststeht, ob das CISG Anwendung finden wird.[373] Dies gilt ebenso für Internetauktionen wie für die klassischen Präsenzauktionen.

Da Internetauktionen, wie bereits dargelegt,[374] Versteigerungen im Rechtssinne sind, würden sie folglich eine Anwendbarkeit des CISG ausschließen. Diese Ansicht findet eine große Mehrheit in der Literatur.[375] *Magnus* teilt diese Ansicht grundsätzlich, möchte sie allerdings auf die Fälle einschränken, in welchen „ein Auktionator den Zuschlag erteilt".[376] Diese Einschränkung geht allerdings zu weit, da nicht ersichtlich ist, warum diese Internetauktionen anders beurteilt werden sollten, als solche, bei denen der Vertragsschluss auf andere Weise erfolgt.

---

[372] Vgl. *Magnus*-Staudinger, Art. 2 CISG Rn. 32.
[373] *Magnus*-Staudinger, Art. 2 CISG Rn. 32; Schmitt, CR 2001, 145 (146).
[374] Vgl. Kap. 3.1.4.
[375] *Ferrari*-Schlechtriem/Schwenzer, Art. 2 Rn. 28; *Mankowski*-Spindler/Wiebe, Kap. 11 Rn. 67; *Magnus*-Staudinger, Art. 2 CISG Rn. 33; Bücker, S. 116. A. A. *Freitag*-Leible/Sosnitza, Rn. 803 ff.
[376] *Magnus*-Staudinger, Art. 2 CISG Rn. 33.

Im Ergebnis ist hier der herrschenden Ansicht zuzustimmen, dass auch Internetauktionen unter den Ausschlusstatbestand des Art. 2 lit. a) CISG fallen. Dies entspricht insbesondere dem dargestellten Sinn und Zweck der Regelung. Die Anwendung des UN-Kaufrechts ist folglich in jedem Fall ausgeschlossen.

5.2.3.2. Vertragliche Rechtswahl

Als nächstes ist zu prüfen, ob wirksam ein bestimmtes anwendbares Recht vereinbart wurde. Die Wirksamkeit der Rechtswahl richtet sich dabei nach dem Recht, welches durch diese für anwendbar erklärt wurde, Art. 27 Abs. 4 i. V. m. Art. 31 Abs. 1 EGBGB.[377]

Die Rechtswahl kann dadurch erfolgen, dass der Verkäufer in seine Auktionsbeschreibung eine entsprechende Klausel einfügt, welche durch den Käufer mit Abgabe des Gebotes angenommen wird. Die Einführung einer Rechtswahlklausel durch den Käufer erscheint regelmäßig ausgeschlossen, da dieser erst zum Zeitpunkt des Vertragsschlusses feststeht, mithin dessen Angebot auf Wahl eines bestimmten Rechts durch den Verkäufer nicht mehr angenommen werden kann. Einzig denkbar wäre ein nachträglicher Rechtswahlvertrag.

Da es sich, wie bereits im ersten Abschnitt der Arbeit ausführlich erörtert, bei Vertragsbedingungen in der Auktionsbeschreibung regelmäßig um AGB handelt,[378] müssen diese nach dem gewählten Recht wirksam einbezogen sein.[379] Anderenfalls wäre die

---

[377] *Heldrich*-Palandt, Art. 27 EGBGB Rn. 8; *Benicke*-Kronke/Melis/Schnyder, Teil B. Rn. 120.
[378] Vgl. Kap. 3.5.2.1.
[379] Ausführliche Darlegungen zur wirksamen Einbeziehung finden sich in Kap. B.V.2.c).

Rechtswahlvereinbarung wirkungslos und es müsste auf die objektive Anknüpfung des Art. 28 EGBGB zurückgegriffen werden.

5.2.3.3. Einschränkung der Rechtswahl bei Verbraucherverträgen

Allerdings findet die freie Rechtswahl in Art. 29 EGBGB eine Einschränkung hinsichtlich Verbraucherverträgen, also bei Verträgen, die nicht der „beruflichen oder gewerblichen Tätigkeit" des Verbrauchers zugerechnet werden können, Art. 29 Abs. 1 EGBGB. Auch wenn sich dies aus dem Gesetzeswortlaut nicht eindeutig ergibt, fallen keine Verträge unter Verbrauchern, sog. C-2-C-Verträge, hierunter.[380] Unter bestimmten Umständen verbleiben dem Verbraucher trotz Rechtswahl die zwingenden Verbraucherschutzvorschriften seines Heimatrechtes. Die drei Fallgruppen des Art. 29 Abs. 1 EGBGB lassen sich kurz damit zusammenfassen, dass sich der Unternehmer auf den Heimatmarkt des Verbrauchers begibt. Dies geschieht entweder dadurch, dass der Unternehmer auf dem Markt des Verbrauchers wirbt und dieser dort den Vertragsschluss tätigt (Nr. 1), dass der Unternehmer die Bestellung im Heimatmarkt des Verbrauchers entgegennimmt (Nr. 2) oder dass der Unternehmer den Verbraucher mit dem Ziel des Warenverkaufs aus dessen Heimatmarkt „lockt" (Nr. 3). Da mit der Fallgruppe der Nr. 3 die tatsächlich physische Anwesenheit des Verbrauchers im fremden Markt gemeint ist,[381] scheidet diese für Internetauktionen aus.

Ein Teil der Literatur vertritt zudem, mit Blick auf den Gesetzeswortlaut, die Ansicht, dass auch für die Fallgruppe der Nr. 2 eine physische Anwesenheit des Unternehmers bzw. dessen Vertreters

---

[380] Bücker, S. 125.
[381] *Martiny*-MüKo, Art. 29 EGBGB Rn. 41; *Heldrich*-Palandt, Art. 29 EGBGB Rn. 5.

im Heimatmarkt des Verbrauchers notwendig ist.[382] Die Gegen-
meinung ist demgegenüber der Auffassung, dass auch die Ent-
gegennahme im Land des Verbrauchers auf elektronischem
Weg ausreicht. Dabei soll teilweise auf den Standort des jeweiligen Servers abgestellt werden, bei welchem die E-Mail mit der
Bestellung des Verbrauchers eingeht. Der Mailserver wird somit
einem normalen Briefkasten gleichgestellt.[383] Bei Internetauktionen soll zudem auf örtliche Belegenheiten der genutzten Auktionsplattform abgestellt werden, welche als Empfangsvertreter
fungieren soll.[384] Diese Meinung ist allerdings abzulehnen, da zum
einen der Standort des Servers zufällig ist, zum anderen der
Verbraucher in der Regel nicht weiß, wo sich der Mailserver des
Empfängers befindet. Ebenso kann – wie dargelegt – insbesondere im eBay-Verbund der Käufer regelmäßig nicht nachvollzie-
hen, von welcher Plattform aus der Verkäufer seinen Artikel eingestellt hat, abgesehen davon, dass die Plattformen i. d. R. keine
Empfangsvertreter sind. Das besondere Schutzbedürfnis des
Verbrauchers, welcher sich in seinem Heimatmarkt wähnt, ist somit nicht gegeben.[385] Im Ergebnis ist für die Sachverhalte der
Fallgruppe des Art. 29 Abs. 1 Nr. 2 EGBGB eine tatsächliche physische Präsenz des Verkäufers im Verbrauchermarkt notwendig, so
dass eine Anwendung bei Internetauktionen ebenfalls ausscheidet.

Es verbleibt somit für Internetauktionen lediglich die Einschränkung gem. Art. 29 Abs. 1 Nr. 1 EGBGB. Danach kommen die

---

[382] *Heldrich*-Palandt, Art. 29 EGBGB Rn. 5; Gruber, DB 1999, 1437; Bücker, S.
143.
[383] *Mankowski*-Spindler/Wiebe, Kap. 11 Rn. 42.
[384] *Mankowski*-Spindler/Wiebe, Kap. 11 Rn. 43. Im Ergebnis wohl auch Mehrings, CR 1998, 613 (620).
[385] Vgl. Bücker, S. 142 f.

zwingenden Verbraucherschutzregelungen des Heimatstaates[386] des Verbrauchers – wenn diese günstiger als die des gewählten Rechtes sind – zur Anwendung, wenn dem Vertragsschluss ein ausdrückliches Angebot oder eine Werbung im Heimatstaat des Verbrauchers vorausging und dieser die zum Vertragsschluss erforderliche Rechtshandlung auch dort vorgenommen hat.

Die zweite Tatbestandsvoraussetzung ist bei Internetauktionen in der Regel problemlos, da der Verbraucher die Abgabe des Gebotes grundsätzlich in seinem Heimatstaat abgeben wird. Doch selbst wenn ein Ausnahmefall eintritt, dass das Gebot bspw. im Urlaub abgegeben wurde, wird sich der Unternehmer hierauf nicht berufen können, da ihm nicht bekannt sein wird, wo sich der Verbraucher zum Zeitpunkt der Gebotsabgabe befand.[387] Eine entsprechende Beweisführung ist ihm dadurch unmöglich.

Weiterhin ist das ausdrückliche Angebot bzw. die Werbung im Heimatstaat des Verbrauchers notwendig. Unter den Begriff des Angebots fallen sowohl das verbindliche Angebot i. S. v. § 145 BGB als auch das invitatio ad offerendum,[388] während Werbung darüber hinaus gehend auch allgemeine absatzfördernde Handlungen (Anzeigen, Werbespots) umfasst.[389] Da das Einstellen eines Artikels auf einer Auktionsplattform zumindest ein invitatio ad offerendum darstellt, handelt es sich folglich um ein ausdrückliches Angebot in diesem Sinne.

Dieses Angebot muss vom Unternehmer allerdings (auch) im Heimatstaat des Verbrauchers abgegeben worden sein. Dies führt beim weltweiten Medium des Internets zu erheblichen Prob-

---

386 Der Staat, in welchem der Verbraucher seinen gewöhnlichen Aufenthalt hat. Auf die Staatsbürgerschaft kommt es nicht an.
387 Bücker, S. 139.
388 *Martiny*-MüKo, Art. 29 EGBGB Rn. 34.
389 *Martiny*-MüKo, Art. 29 EGBGB Rn. 35.

lemen. Denn da die Angebotsseite aus jedem Land der Welt abgerufen werden kann, würde sich der Verkäufer mit dem Einstellen einer Auktion faktisch jedem zwingenden Verbraucherschutzrecht unterwerfen.[390] Dies stellt für den unternehmerischen Verkäufer eine unzumutbare Belastung dar. Daher wird von einem Großteil der Literatur vertreten, dass der Verkäufer die Wirkung des Angebots bzw. der Werbung eingrenzen kann, indem durch einen sog. Disclaimer bspw. bestimmte Staaten von dem Angebot ausgenommen werden oder sich das Angebot ausdrücklich nur an bestimmte Staaten richtet.[391] Dabei müssen die Maßgaben des Disclaimers selbstverständlich durch den Verkäufer auch eingehalten werden, ein Vertrag mit einem in einem ausgeschlossenen Staat ansässigen Verbraucher darf nicht geschlossen werden.[392] Hat der Höchstbieter seinen gewöhnlichen Aufenthalt in einem Staat, welcher durch den Verkäufer ausgeschlossen wurde, ist kein wirksamer Vertrag zustande gekommen, da ein Dissenz hinsichtlich des Versandes besteht. Folglich kann sich der Verbraucher anderenfalls grundsätzlich im Vertragsverhältnis auf die Geltung der zwingenden Verbraucherschutzregelungen seines Heimatstaates berufen.

Art. 29a EGBGB, der quasi als letzte Schutzbastion der Verbraucher auch dann die Umsetzung bestimmter EG-Verbraucherschutzrichtlinien wirksam werden lässt, wenn eine Rechtswahl trotz Art. 29 EGBGB vollständig auf das Recht eines

---

[390] Mehrings, CR 1998, 613 (619).
[391] *Martiny*-MüKo, Art. 29 EGBGB Rn. 36; *Heldrich*-Palandt, Art. 29 EGBGB Rn. 5; Mehrings, CR 1998, 613 (619); *Terlau*-Moritz/Dreier, Kap. C Rn. 250. Anders: Schack, MMR 2000, 135 (138); Hoeren, S. 191, welcher einem Disclaimer zwar seine Zustimmung verweigert, allerdings von der sonstigen objektiven Ausrichtung der Website auf ihre Verbreitung schließen will.
[392] Bücker, S. 133

Drittstaates[393] verweist, gleichwohl aber eine enge Verbindung zu einem Mitgliedsstaat der EU bzw. einem Vertragstaat des EWR aufweist, hat daher im Ergebnis nur eine untergeordnete Bedeutung. Die nicht abschließenden Vermutungen für eine enge Verbindung des Art. 29a Abs. 2 EGBGB fallen hinter die konkreteren Bestimmungen des Art. 29 Abs. 1 EGBGB zurück. Relevant erscheint insoweit lediglich die eher unwahrscheinliche Möglichkeit, dass ein Verkäufer mit Sitz in einem Mitglieds- bzw. Vertragsstaat mit einem Verbraucher aus einem Drittstaat eine Rechtswahlvereinbarung abschließt, die auf das Recht des Drittstaates verweist. Ausnahmsweise ist dann eine enge Verbindung, obwohl in der Aufzählung des Art. 29a Abs. 2 EGBGB nicht enthalten, gegeben. Dies ergibt sich insbesondere aus der analogen Anwendung der Vermutungen des Art. 28 Abs. 2 EGBGB.[394] Danach besteht grundsätzlich mangels Rechtswahl die engste Verbindung mit dem Staat, in welchem der Verkäufer seinen Sitz bzw. gewöhnlichen Aufenthalt hat. Wenn aber ohne Rechtswahl mit diesem Staat der engste Zusammenhang besteht, muss folglich auch bei Rechtswahl zumindest ein enger Zusammenhang bestehen. Folge hiervon ist, dass in diesen Fällen die in diesem Staat geltenden Bestimmungen zur Umsetzung der Verbraucherschutzrichtlinien, welche in Abs. 4 abschließend aufgezählt sind, zusätzlich zu den Regeln des gewählten Rechts anwendbar sind.

5.2.3.4. Anknüpfung mangels Rechtswahl

In den meisten Fällen wird eine Rechtswahl nicht getroffen, so dass grdsl. über Art. 28 EGBGB das anzuwendende Recht festgestellt werden muss. Ausnahme hiervon sind die soeben unter

---

[393] Drittstaat bezeichnet hier einen Staat, der nicht Mitglied der EU oder Vertragsstaat des EWR ist.
[394] Weitere Ausführungen zu Art. 28 EGBGB im folgenden Pkt. d).

Pkt. c) dargestellten Verbraucherverträge. Bei Vorliegen der Voraussetzungen ist mangels Rechtswahl auf den Vertrag das Recht des Staates anzuwenden, in welchem der Verbraucher seinen gewöhnlichen Aufenthalt hat, Art. 29 Abs. 2 EGBGB. Wie ausgeführt liegen die Voraussetzungen grundsätzlich immer vor.

Für Verträge zwischen Unternehmern (B-2-B) bzw. zwischen Verbrauchern (C-2-C) gilt das Recht, mit welchem der Vertrag die engste Verbindung aufweist, Art. 28 Abs. 1 S. 1 EGBGB. Diese allgemeine Aussage wird in Abs. 2 S. 1 durch die Vermutung konkretisiert, dass die engste Verbindung zu dem Staat besteht, in welchem die Partei, welche die charakteristische Leistung erbringt, ihren gewöhnlichen Aufenthalt bzw. ihren Sitz hat. Bei Internetauktionen ist dies der Staat des Anbieters. Gem. Art. 28 Abs. 5 EGBGB kann diese Vermutung dann widerlegt werden, wenn eine engere Verbindung zu einem anderen Staat besteht.

So könnte man davon ausgehen, dass ähnlich wie bei öffentlichen Versteigerungen eine Anknüpfung an das Recht des Versteigerungsortes erfolgt.[395] Im Ergebnis ist dies aber abzulehnen. Während öffentliche Versteigerungen örtlich gebunden sind, die Parteien i. d. R. körperlich anwesend sind und häufig auch die Vertragserfüllung an Ort und Stelle stattfindet, so dass tatsächlich die engste Verbindung mit dem Versteigerungsort besteht, trifft dies bei Internetauktionen nicht zu. Häufig ist für den Bieter, wie bereits dargestellt,[396] noch nicht einmal nachvollziehbar, auf welcher nationalen eBay-Plattform die Versteigerung tatsächlich stattfindet. Daher kommt eine Anknüpfung an das Recht des Versteigerungsortes nicht in Betracht.[397]

---

[395] *Magnus*-Staudinger, Art. 28 EGBGB Rn. 176.
[396] Vgl. Kap. 5.1.2.2.
[397] Bücker, S. 112; *Mankowski*-Spindler/Wiebe, Kap. 11 Rn. 63.

5.2.4. Sachenrechtliche Anknüpfung

Im Hinblick auf die sachenrechtlichen Fragestellungen, insbesondere den Eigentumsübergang, ist eine Rechtswahl nicht möglich.[398] Das anzuwendende Recht ergibt sich auch nicht aus dem für den Vertrag geltenden Recht, sondern wird über die Art. 43 ff. EGBGB angeknüpft.

Art. 43 Abs. 1 EGBGB bestimmt insoweit, dass die Rechte an einer Sache dem Recht des Staates unterliegen, in welchem sich diese befindet (*lex rei sitae*).[399] Bei internationalen Internetauktionen muss nun gefragt werden, wie sich die Rechte an der Sache beim Grenzübertritt verhalten. Diese Frage soll hier nur am Beispiel des Eigentums geklärt werden, wobei Spezialfälle (z. B. Erwerb vom nicht Berechtigten) angesichts des eingeschränkten Raums keine Beachtung finden können.

Zu unterscheiden sind somit grundsätzlich die zwei Fallgruppen, dass entweder das Eigentum bereits im Ursprungsstaat auf den Käufer übergegangen ist und anschließend ins Inland versandt wurde oder die Eigentumsübertragung noch nicht vollständig abgeschlossen war.

Nach deutschem Recht ist bspw. für die Eigentumsübertragung sowohl die Einigung als auch die Übergabe notwendig, § 929 S. 1 BGB. Daraus folgt, dass bei einem Versendungsverkauf, und ein anderer kommt bei internationalen Internetauktionen wohl nicht in Frage, von Deutschland ins Ausland die Eigentumsübertragung noch nicht abgeschlossen ist, da eine Übergabe zum Zeitpunkt des Grenzübertritts noch nicht stattgefunden haben kann. Die

---

398 *Mankowski*-Spindler/Wiebe, Kap. 11 Rn. 76.
399 Unbeachtlich bleiben sog. Transitstaaten, welche keinen Bezug zu den Parteien oder der Sache haben und durch welche die Sache nur zufällig bzw. notgedrungen auf dem Transportweg gelangt.

Eigentumsübertragung muss dann folglich nach dem ausländischen Recht erfolgen. Allerdings werden alle bereits zuvor stattgefundenen Vorgänge (hier also die Einigung) berücksichtigt, Art. 43 Abs. 3 EGBGB. Sollte die ausländische Rechtsordnung eine Eigentumsübertragung bereits mit Einigung annehmen,[400] geht das Eigentum folglich im Moment des Grenzübertritts auf den Käufer über.

Im umgekehrten Fall ist unter diesen Voraussetzungen die Eigentumsübertragung bereits im Ursprungsland mit der Einigung abgeschlossen. Wenn die Sache nun nach Deutschland gelangt, wäre das deutsche Recht des Eigentumserwerb anzuwenden, wonach eine Übergabe notwendig wäre. Eine Eigentumsübertragung wäre folglich noch nicht erfolgt, das rechtmäßig erworbene Eigentum würde wieder untergehen. Da dies aus Gründen der Rechtssicherheit nicht zu einem befriedigenden Ergebnis führt, muss die „neue" Rechtsordnung nach ganz einheiliger Meinung die unter dem alten Recht entstandenen Rechte anerkennen. Die Sache gelangt „mit der sachenrechtlichen Prägung, die ihr das bisherige Statut verliehen hat",[401] in den anderen Staat.[402]

5.3. Gerichtstand

Eine letzte Frage, die hinsichtlich internationaler Auktionen zu regeln ist, ist die des Gerichtstandes, also vor welchem Gericht welchen Landes gerichtliche Maßnahmen eingeleitet werden können. Im praktischen Ablauf muss diese Frage allerdings als

---

[400] So bspw. im englischen und französischen Recht. Vgl. v. Bernstorff, S. 83; Hübner/Constantinesco, S. 188.
[401] BGH, BGHZ 39, 173 (175).
[402] v. Hoffmann/Thorn, § 12 Rn. 30.

erstes erörtert werden, da sich das anwendbare IPR nach dem Gerichtstand richtet.[403]

Die Festlegung des Gerichtstandes erfolgt aufgrund völkerrechtlicher Verträge, bspw. des EuGVÜ oder des LugÜ,[404] bei einer Beteiligung von Ländern der EU (mit Ausnahme Dänemarks) aufgrund der EuGVVO[405] oder nach dem autonomen inländischen Recht, in Deutschland im Wesentlichen aufgrund der ZPO. Da das EuGVÜ bzw. LugÜ sowie die EuGVVO in weiten Teilen inhaltlich identisch sind, beziehen sich die folgenden Ausführungen vorrangig auf die Vorschriften der EuGVVO, da diese innerhalb Europas die größte Bedeutung hat. Lediglich wesentliche Unterschiede werden detailliert erläutert.

Da, wie bereits in den Ausführungen zum anwendbaren Recht ausgeführt,[406] mit nur ganz wenigen Ausnahmen im Verhältnis zwischen Nutzer und Auktionsplattform kein internationaler Sachverhalt gegeben ist, wird auf Erörterungen hierzu verzichtet. Die folgenden Ausführungen beziehen sich daher nur auf das Verhältnis der Nutzer untereinander sowie anschließend auf die Problematik des Gerichtstandes bei Wettbewerbsverstößen.

5.3.1. Gerichtstandsvereinbarung

Wie beim anwendbaren Recht existiert auch hinsichtlich des Gerichtstandes der Grundsatz der Privatautonomie. Grundlage für die Gerichtstandsvereinbarung bilden insbesondere Art. 23 EuGVVO, Art. 17 EuGVÜ, Art. 17 LugÜ sowie § 38 ZPO, jeweils bei Wahl eines Gerichtes innerhalb des Geltungsbereichs.

---

[403] *Mankowski*-Spindler/Wiebe, Kap. 12 Rn. 1.
[404] Eine Übersicht der Staaten, gegenüber welchen die Verträge jeweils gelten, findet sich in Jayme/Hausmann.
[405] Sog. „Brüssel II-VO".
[406] Kap. 5.2.2.1.

Jedoch wird für einen Großteil der Verträge durch das auch im internationalen Zivilprozessrecht existierende Verbraucherschutzrecht dieser freien Rechtswahl bereits ein Riegel vorgeschoben. So sieht Art. 17 EuGVVO vor, dass durch Vereinbarung von den gesetzlichen Gerichtsständen[407] nur nachträglich, bei Wahlrecht zugunsten des Verbrauchers oder bei nach nationalem Recht zulässiger Wahl des Heimatgerichtstandes des Verbrauchers abgewichen werden kann. Die identische Beschränkung enthalten auch Art. 15 EuGVÜ sowie Art. 15 LugÜ. Gem. § 38 Abs. 1 ZPO sind Gerichtsstandsvereinbarungen gar nur im Verhältnis zwischen Kaufleuten zulässig. Im Ergebnis macht daher eine Gerichtstandsvereinbarung für den unternehmerischen Verkäufer bei Internetauktionen nur dann Sinn, wenn der Käufer mit einer gewissen Wahrscheinlichkeit kein Verbraucher sein wird. Genau dies ist allerdings bei Internetauktionen gewöhnlich der Fall. Trotzdem werden im Folgenden kurz die Regeln für die Gerichtstandsvereinbarung erläutert.

Grundvoraussetzung für eine Anwendbarkeit des Art. 23 EuGVVO ist gem. dessen Abs. 1 S. 1, dass mindestens eine der Parteien ihren Sitz im Hoheitsgebiet eines Mitgliedstaates der EU[408] hat und ein internationaler Gerichtstand in einem Mitgliedstaat gewählt wird. Die Parteien können dabei auch ihren Sitz in dem gleichen Mitgliedstaat haben und eine beliebige internationale Gerichtsbarkeit wählen. Bei Wahl eines Gerichtes im eigenen Land bleibt allerdings die örtliche Zuständigkeit dem nationalen Zivilprozessrecht unterworfen.[409] Der deutsche Anbieter wird regelmäßig ei-

---

[407] Die gesetzlichen Gerichtsstände werden im folgenden Unterpunkt erörtert.

[408] Im Zusammenhang mit der EuGVVO meint „Mitgliedstaat" alle Mitgliedstaaten mit Ausnahme Dänemarks.

[409] Geimer, Rn. 1646.

nen Gerichtstand in Deutschland wählen, so dass die EuGVVO einschlägig ist. Art. 23 Abs. 1 S. 3 EuGVVO bestimmt sodann die Formvorschriften für eine solche Vereinbarung.

Die schriftliche Vereinbarung scheidet bei Geschäften im Internet dabei grundsätzlich aus. Allerdings sind diesen schriftlichen Vereinbarungen gem. Abs. 2 „elektronische Übermittlungen, die eine dauerhafte Aufzeichnung [...] ermöglichen", gleichgestellt. *Mankowski* sieht hierin eine Verwandtschaft mit dem Begriff des „dauerhaften Datenträgers" der Fernabsatzrichtlinie.[410] Danach wären folglich Gerichtstandsvereinbarungen über Websites (AGB) nicht möglich.[411] Dies schränkt aber meines Erachtens Art. 23 Abs. 2 EuGVVO zu sehr ein. Die Möglichkeit der „dauerhaften Aufzeichnung" ist nicht mit der Übermittlung eines „dauerhaften Datenträgers" vergleichbar. Während im Sinne der Fernabsatzrichtlinie der dauerhafte Datenträger bereits in dieser Form an den Empfänger übersandt werden muss, genügt es hinsichtlich der Gerichtstandsvereinbarung, dass der Empfänger diese dauerhaft aufzeichnen kann. So hat er bei der Darstellung der Gerichtstandsvereinbarung auf einer Website bspw. problemlos die Möglichkeit, diese Seite auszudrucken oder bei sich zu speichern.[412] Ausgeschlossen sind vielmehr solche Übermittlungsarten, die schon keine dauerhafte Darstellung ermöglichen. Zu denken ist hier u. a. an die elektronische Übertragung von Tönen oder die Abbildung der Vereinbarung in einem Lauftext.

Jedenfalls nicht wirksam ist eine solche Vereinbarung im Geltungsbereich des EuGVÜ oder LugÜ, da deren jeweilige Art. 17,

---

410 *Mankowski*-Spindler/Wiebe, Kap. 12 Rn. 14.
411 *Mankowski*-Spindler/Wiebe, Kap. 12 Rn. 14.
412 *Geimer*-Zöller, Art. 23 EuGVVO Rn. 14.

welche ansonsten Art. 23 EuGVVO entsprechen, eine Sonderregelung für elektronische Übermittlungen nicht enthalten.

Die weiteren Optionen des Art. 23 Abs. 1 EuGVVO hinsichtlich der Formvorschriften haben für Internetauktionen (noch) keine Relevanz. Auf eine Gepflogenheit zwischen den Parteien kann man sich zumindest während der Auktionslaufzeit nicht berufen, da der Käufer nicht bekannt ist. Ebenso ist die Einführung von Gerichtstandsklauseln im Rahmen von Internetauktionen noch kein gefestigter Handelsbrauch, auch wenn *Mankowski* dies für die Zukunft prognostiziert.[413]

Im Ergebnis ist daher im Geltungsbereich der EuGVVO eine Gerichtstandsklausel bei Internetauktionen grundsätzlich möglich, verliert allerdings bei Verbraucherverträgen (B-2-C) ihre Wirksamkeit. An den Inhalt sind keine besonderen Anforderungen gestellt. Es kann entweder pauschal die Gerichtsbarkeit eines Landes oder eine spezielle örtliche Zuständigkeit festgelegt werden.

5.3.2. Allgemeiner Gerichtstand

Allgemeiner Gerichtstand ist grundsätzlich der Sitz des Beklagten, bei natürlichen Personen der Wohnsitz, bei Gesellschaften der Sitz des Unternehmens. Dies ergibt sich aus Art. 2 Abs. 1 EuGVVO bzw. EuGVÜ/LugÜ sowie § 12 i. V. m. §§ 13, 17 ZPO.

Der Gesellschaftssitz wird in Art. 60 EuGVVO autonom definiert als Ort des satzungsmäßigen Sitzes, der Hauptverwaltung oder der Hauptniederlassung. Im Gegensatz dazu bestimmt sich die Frage des Wohnsitzes natürlicher Personen gem. § 59 EuGVVO jeweils nach dem Recht des Staates, in welchem diese ihren Wohnsitz haben sollen. Ist also zu prüfen, ob eine Person, die in Deutschland verklagt wird, auch ihren Wohnsitz in Deutschland hat, muss dies gem. Art. 59 Abs. 1 EuGVVO über die §§ 7 ff. BGB ermittelt werden. Sollte dabei festgestellt werden, dass kein Wohnsitz in Deutschland existiert, ist als nächstes zu überprüfen, ob die Person einen Wohnsitz in einem weiteren Mitgliedstaat haben könnte. Hierfür ist dann gem. Art. 59 Abs. 2 EuGVVO das Recht dieses Mitgliedstaates anzuwenden.

Im Geltungsbereich des EuGVÜ bzw. des LugÜ gilt für natürliche Personen gem. Art. 52 EuGVÜ/LugÜ das soeben Gesagte. Hinsichtlich des Gesellschaftssitzes existiert allerdings keine autonome Regelung, vielmehr ist auch hier gem. Art. 53 Abs. 1 EuGVÜ/LugÜ das jeweilige nationale IPR – entsprechend den Vorschriften für natürliche Personen – anzuwenden. Innerhalb der EU bzw. des EWR ist hier im Anschluss an die EuGH-Rechtsprechung (Überseering[414], Inspire Art[415]) auf den Satzungssitz abzustellen.[416]

5.3.3. Besondere Gerichtstände

5.3.3.1. Verbraucherverträge

Sowohl EuGVVO als auch EuGVÜ/LugÜ haben für Verbraucherverträge spezielle Vorschriften geschaffen. Im deutschen Zivilprozessrecht existieren solche – jedenfalls mit Relevanz für Internetauktionen – nicht.

Art. 15 Abs. 1 lit. c) EuGVVO bestimmt für die Anwendbarkeit dieser Vorschriften, dass zum einen ein Verbrauchervertrag vorliegen muss und zum anderen der Unternehmer im Mitgliedstaat, in welchem der Verbraucher seinen Wohnsitz hat, eine berufliche bzw. gewerbliche Tätigkeit ausübt oder (auch) auf diesen aus-

---

413 *Mankowski*-Spindler/Wiebe, Kap. 12 Rn. 15.
414 EuGH, NJW 2002, 3614.
415 EuGH, NJW 2003, 3331.
416 *Mankowski*-Spindler/Wiebe, Kap. 12 Rn. 25.

richtet, und der Vertrag hieraus entsteht. Eine solche Ausrichtung ist grdsl. immer gegeben, es sei denn, sie ist ausdrücklich ausgeschlossen.[417] Weitere Voraussetzung ist, dass der Unternehmer seinen Sitz (Art. 4 Abs. 1 EuGVVO) bzw. zumindest eine Niederlassung (Art. 15 Abs. 2 EuGVVO) in einem Mitgliedstaat hat.

Rechtsfolge der Anwendbarkeit von Art. 15 EuGVVO ist, dass der Verbraucher sowohl passiv (Art. 16 Abs. 2 EuGVVO) als auch aktiv (Art. 16 Abs. 1 EuGVVO) einen Heimatgerichtstand hat. Der passive Gerichtstand ist dabei ausschließlich, der aktive Gerichtstand optional. Wie bereits dargestellt, führen abweichende Gerichtstandsvereinbarungen i. d. R. zu keinem anderen Ergebnis, da sie – mit Ausnahme der strengen Einschränkungen gem. Art. 17 EuGVVO – unwirksam sind.[418]

Art. 13 bis 15 EuGVÜ/LugÜ regeln für deren örtlichen Anwendungsbereich die Sachverhalte recht ähnlich. Auch wenn Art. 13 Abs. 1 Nr. 3 EuGVÜ/LugÜ gegenüber dem entsprechenden Art. 15 Abs. 1 lit. c) EuGVVO einen eingeschränkten situativen Anwendungsbereich hat, spielt dies für den Bereich der Internetauktionen keine Rolle. Art. 13 Abs. 1 Nr. 3 EuGVÜ/ LugÜ orientiert sich insoweit unmittelbar an Art. 29 Abs. 1 Nr. 1 EGBGB. Erforderlich ist also ein vorhergehendes Angebot oder eine Werbung im Staat des Wohnsitzes des Verbrauchers. Dass dies bei Internetauktionen grdsl. gegeben ist, wurde bereits weiter oben ausführlich ausgearbeitet.[419] Die Rechtsfolgen sind mit denen der EuGVVO identisch, so dass der Verbraucher auch hier einen aktiven und passiven Gerichtstand im eigenen Land hat.

---

[417] Vgl. die entsprechenden Ausführungen zum anwendbaren Recht in Kap. D.II.3.c).

[418] *Mankowski*-Spindler/Wiebe, Kap. 12 Rn. 53.

[419] Vgl. Kap. 5.2.3.3.

5.3.3.2. Gerichtstand des Erfüllungsorts

Art. 5 Abs. 1 lit. a) EuGVVO eröffnet für Klagen gegen Personen, die ihren Wohnsitz in einem Mitgliedstaat haben, einen weiteren Gerichtstand am Erfüllungsort des Vertrages. In Art. 5 Abs. 1 lit. b) EuGVVO wird sodann der Begriff des Erfüllungsorts, wenn er nicht vertraglich bestimmt ist, autonom definiert. Danach ist es bei Verkauf beweglicher Sachen der Ort in einem Mitgliedstaat, an welchen die Sache vertragsgemäß geliefert wurde oder hätte geliefert werden müssen, bei Dienstleistungen der Ort in einem Mitgliedstaat, in welchem sie erbracht wurde oder hätte erbracht werden müssen. Der Ort der Leistungserbringung muss also in einem Mitgliedstaat liegen, was allerdings i. d. R. unproblematisch ist, da auch der Vertragspartner gem. lit. a) seinen Wohnsitz in einem Mitgliedstaat haben muss, die Leistung bei Internetauktionen in der Regel aber dort erfüllt wird, wo sich der Käufer befindet.

Daraus folgt, dass sowohl für die Klage auf Lieferung als auch für die Zahlungsklage das Gericht des Ortes, an welchen die Ware geliefert wurde oder hätte geliefert werden müssen, zuständig ist.[420] Beim Versendungskauf, welcher bei Internetauktionen in der Regel vorliegt, ist dabei auf den Sitz des Verkäufers abzustellen, da der Versand regelmäßig von dort erfolgt.[421]

Wie sich aus dem ersten Halbsatz von lit. b) ergibt, kann der Erfüllungsort auch vertraglich vereinbart werden.[422] Die Vereinbarung bedarf keiner besonderen Form,[423] der vereinbarte Ort muss al-

---

[420] *Mankowski*-Spindler/Wiebe, Kap. 12 Rn. 28.
[421] *Leible*-Leible/Sosnitza, Rn. 992.
[422] Bücker, S. 220.
[423] *Mankowski*-Spindler/Wiebe, Kap. 12 Rn. 38. Anders: Eltzschig, IPRax 2002, 491 (493) und daran anschließend Bücker, S. 221, welche die strengen Formvorschriften des Art. 23 EuGVVO anwenden möchte.

lerdings einen tatsächlichen Bezug zur Leistung haben. Anderenfalls wäre die Vereinbarung als verkappte Gerichtstandsvereinbarung, für welche die o. g. strengen Formvorschriften gelten, bei Nichteinhaltung unwirksam.[424]

Ist der Erfüllungsort weder vertraglich bestimmt noch gem. lit. b) ermittelbar, weil er bspw. nicht in einem Mitgliedstaat liegt, verweist lit. c) zurück auf die Grundnorm des lit. a). In diesem Fall hat der Kläger die Möglichkeit, den besonderen Gerichtstand des Erfüllungsorts über die Auslegung dieses Begriffes nach dem anzuwendenden materiellen Recht zu erreichen.[425] Da die autonome Definition nicht greift, besteht auch kein einheitlicher Gerichtstand, d. h. die zuständigen Gerichte bei Klage auf Lieferung und Zahlungsklage fallen auseinander.[426]

Wie bereits angesprochen enthält Art. 5 Nr. 1 EuGVÜ/LugÜ grundsätzlich eine mit der EuGVVO identische Regelung, allerdings ohne autonome Definition des Erfüllungsortes. Gerichtstand ist daher wie bei Art. 5 Nr. 1 lit. a) i. V. m. lit. c) EuGVVO an dem Ort, an welchem die jeweilige Verpflichtung erfüllt wurde oder hätte erfüllt werden müssen.

Sind beide Vertragsparteien in Deutschland ansässig und ergibt sich auch ein deutscher Gerichtstand, ist § 29 Abs. 2 ZPO einschlägig, wonach eine Erfüllungsortvereinbarung nur zwischen Kaufleuten einen besonderen Gerichtstand begründet. Eine entsprechende Vereinbarung in AGB würde daher regelmäßig ins Leere laufen, da ein Großteil der Verträge mit Verbrauchern geschlossen wird.

---

[424] *Mankowski*-Spindler/Wiebe, Kap. 12 Rn. 38; *Leible*-Leible/Sosnitza, Rn. 997.
[425] *Mankowski*-Spindler/Wiebe, Kap. 12 Rn. 36.
[426] *Mankowski*-Spindler/Wiebe, Kap. 12 Rn. 35.

5.3.3.3. Gerichtstand des Vermögens

Gem. § 23 S. 1 ZPO können Personen, welche in Deutschland keinen Wohnsitz haben, wegen vermögensrechtlichen Ansprüchen an dem Ort verklagt werden, an welchem sich Vermögen des Beklagten befindet. Unter den Vermögensbegriff fallen auch Forderungen des Beklagten gegen in Deutschland ansässige Schuldner, § 23 S. 2 ZPO. Die Rechtsprechung fordert zwar entgegen dem Wortlaut des Gesetzes einen weiteren Inlandsbezug, welcher allerdings bereits durch einen dauernden Aufenthalt oder Wohnsitz des Klägers in Deutschland gegeben ist.[427] Auch die deutsche Staatsangehörigkeit von Kläger oder Beklagtem wird für einen Inlandsbezug als ausreichend angesehen.[428]

Dieser Gerichtstand ist allerdings im Geltungsraum der EuGVVO, des EuGVÜ und des LugÜ, jeweils gem. Art. 3 Abs. 2, ausgeschlossen. Insoweit ist die Bedeutung für einen großen Teil der Geschäftsbeziehungen erheblich eingeschränkt. Auf der anderen Seite wirkt die Regelung insbesondere in den Fällen, in welchen eine Klage Schwierigkeiten bereiten würde, z. B. bei Vertragspartnern in Übersee.

5.3.4. Gerichtstand bei Wettbewerbsstreitigkeiten

5.3.4.1. Allgemeiner Gerichtstand

Auch für wettbewerbsrechtliche Streitigkeiten existiert grundsätzlich der allgemeine Gerichtstand, welcher bereits in Pkt. III.2. erörtert wurde. Danach ist auch das Gericht des Ortes zuständig, an welchem der Beklagte seinen Wohnsitz bzw. Geschäftssitz hat. Zum gleichen Ergebnis kommt auch der für Wettbewerbsverstöße

---

[427] BGH, NJW 1997, 324 (325); *Vollkommer-Zöller*, § 23 Rn. 1; *Mankowski-Spindler/Wiebe*, Kap. 12 Rn. 41.

nach deutschem Recht regelmäßig einschlägige § 14 Abs. 1 UWG.

5.3.4.2. Einstweiliger Rechtschutz

In der Regel werden aufgrund der besonderen Dringlichkeit wettbewerbsrechtliche Ansprüche (zunächst) im Wege des einstweiligen Rechtschutzes durchgesetzt. § 31 EuGVVO sowie § 24 EuGVÜ/LugÜ verweisen insoweit zusätzlich auf das Zuständigkeitsrecht des Mitglied- bzw. Vertragstaates, in welchem der Anspruch geltend gemacht werden soll. Vor deutschen Gerichten erlangt diese Regelung regelmäßig keine besondere Bedeutung, da sowohl der allgemeine als auch der besondere Deliktsgerichtstand[429] des deutschen Rechts nicht von den Gerichtständen in EuGVVO, EuGVÜ oder LugÜ abweicht. Lediglich der in Hauptsacheverfahren gem. Art. 3 Abs. 2 EuGVVO/EuGVÜ/LugÜ nicht anwendbare Gerichtstand des Vermögens (§ 23 S. 1 ZPO) könnte zusätzlich anwendbar sein. Jedoch verlangt der EuGH eine „reale Verbindung" zwischen dem Gegenstand des Eilverfahrens und der konkreten Zuständigkeitsnorm.[430] Hierfür genügt die bloße Belegenheit von Vermögen im Staat des angerufenen Gerichts nicht, so dass § 23 S. 1 ZPO in Eilverfahren lediglich dann anwendbar ist, wenn sich die Maßnahme unmittelbar auf das in Deutschland belegene Vermögen bezieht (bspw. Arrest).[431]

5.3.4.3. Deliktsgerichtstand

Gem. Art. 5 Nr. 3 EuGVVO kann eine Person/Gesellschaft mit Sitz in einem Mitgliedstaat bei unerlaubten Handlungen auch vor einem Gericht des Ortes, an welchem das schädigende Ereignis

---

[428] Geimer, Rn. 1353.
[429] Vgl. hierzu den folgenden Pkt. 3.
[430] EuGH, RIW 1999, 776 (780).

eingetreten ist oder – im Wettbewerbsrecht noch wichtiger – einzutreten droht, verklagt werden. Hierzu zählen unzweifelhaft auch Wettbewerbsverstöße.[432]

Ort des Schadenseintritts sind allgemein sowohl Handlungs- als auch Erfolgsort.[433] Handlungsort ist dabei in der Regel der Sitz der Niederlassung, welche die Wettbewerbshandlung veranlasst hat.[434] Dabei wird folglich in den meisten Fällen neben dem allgemeinen kein weiterer Gerichtstand begründet. Erfolgsort ist auf der anderen Seite der Ort, an welchem der Wettbewerb stattfindet.[435] Dies ist im Internet und insbesondere bei Internetauktionen grundsätzlich weltweit, falls keine ausdrückliche oder konkludente Einschränkung im Angebot enthalten ist. [436] Dabei soll allerdings, in Anlehnung an das für Pressedelikte geltende „Mosaikprinzip", am jeweiligen Gerichtstand nur der Schaden eingeklagt werden, welcher konkret an diesem Erfolgsort eingetreten ist. Allerdings ist bei Internetauktionen eine wettbewerbsrechtliche Klage i. d. R. auf Unterlassung gerichtet, so dass die Bedeutung des „Mosaikprinzips" nur gering ist.

Art. 5 Nr. 3 EuGVÜ/LugÜ sind vom Wortlaut dem Art. 5 Nr. 3 EuGVVO ähnlich, enthalten allerdings nicht den Passus des „drohenden Schadenseintritts". Daraus würde folgen, dass für einen Gerichtstand am Erfolgsort bereits ein tatsächlicher Schaden eingetreten sein und dieser folglich auch bewiesen werden muss.

---

431 *Vollkommer*-Zöller, § 23 Rn. 4.
432 *Mankowski*-Spindler/Wiebe, Kap. 12 Rn. 61, mit umfangreichen weiteren Nachweisen.
433 *Mankowski*-Spindler/Wiebe, Kap. 12 Rn. 62.
434 *Mankowski*-Spindler/Wiebe, Kap. 12 Rn. 63.
435 *Mankowski*-Spindler/Wiebe, Kap. 12 Rn. 64; Behr, GRUR Int. 1992, 604 (607).
436 Vgl. die entsprechenden Ausführungen zum anwendbaren Recht, Kap. 5.2.3.3.

Dies wäre bei Wettbewerbsverstößen regelmäßig unmöglich. Daher möchte ein bedeutender Teil der Literatur auch hier den besonderen Gerichtstand für vorbeugende Unterlassungsklagen zulassen.[437] Begründet wird dies u. a. damit, dass es sich bei der entsprechenden Formulierung um eine „legislative Zufälligkeit" handele, die aus der Übernahme des Wortlauts nationaler Vorschriften entstand.[438] Damit sollte aber keineswegs die Möglichkeit der vorbeugenden Unterlassungsklage am Erfolgsort ausgeschlossen werden. Eine Nichtzulassung dieser Unterlassungsklagen hätte für den Geltungsbereich des EuGVÜ bzw. LugÜ erhebliche Folgen, da dadurch der besondere Gerichtstand des Erfolgsorts für Wettbewerbssachen faktisch keine Bedeutung mehr hätte.

Gelangt man mangels Anwendbarkeit von EuGVVO, EuGVÜ und LugÜ in das deutsche Zuständigkeitsrecht, erlangt insbesondere § 14 Abs. 2 UWG Bedeutung. Danach ist für Ansprüche aus dem UWG neben dem Gericht am Sitz des Beklagten nur das Gericht zuständig, in dessen Bezirk die Handlung begangen wurde. Für Verbandsklagen (Anspruchsberechtigte gem. § 8 Abs. 3 Nr. 2 bis 4 UWG) gegen Beklagte mit Sitz in Deutschland ist dieser Gerichtstand allerdings ausgeschlossen. Diese beiden Gerichtstände sind ausschließlich, so dass Gerichtstandsvereinbarung oder rügeloses Einlassen nicht möglich sind.[439] Handlungsort ist dabei nicht nur der Ort, an dem der Unternehmer tatsächlich handelte, sondern ebenso der Erfolgsort, also der Ort, an welchem sich der Wettbewerbsverstoß verwirklicht.[440] Bei Internetauktionen kommt

---

[437] Behr, GRUR Int. 1992, 604 (607); *Mankowski*-Spindler/Wiebe, Kap. 12 Rn. 61; Schack, MMR 2000, 135 (137).
[438] Behr, GRUR Int. 1992, 604 (607).
[439] *Köhler*-Baumbach/Hefermehl, § 14 UWG Rn. 1.
[440] *Köhler*-Baumbach/Hefermehl, § 14 UWG Rn. 14.

somit jeder Ort, an welchem die entsprechende Angebotsseite abgerufen werden konnte, in Frage.[441]

5.3.4.4. Gerichtstandvereinbarung

Eine Gerichtstandsvereinbarung im wettbewerbsrechtlichen Verfahren ist grdsl. im Voraus nicht möglich, da kein Vertragsverhältnis zwischen den Parteien besteht oder entsteht. Sie kann folglich erst dann geschlossen werden, wenn eine Partei einen Wettbewerbsverstoß geltend macht. Die Bedeutung für Internetauktionen ist insoweit stark eingeschränkt.

Im Anwendungsbereich der EuGVVO bzw. des EuGVÜ/LugÜ ist eine solche Vereinbarung unter Maßgabe des bereits unter. Pkt. III.1. Gesagten problemlos möglich. Demgegenüber scheidet sie im Anwendungsbereich des UWG wegen der Ausschließlichkeit des § 14 UWG gem. § 40 Abs. 2 S. 1 Nr. 2 ZPO aus.[442]

5.3.5. Schiedsgerichtsvereinbarungen

Schiedsgerichtsvereinbarungen spielen bisher bei Internetauktionen nur eine sehr untergeordnete Rolle. Von den untersuchten AGB der nationalen eBay-Plattformen enthält lediglich die US-amerikanische Plattform die Möglichkeit eines Schiedsverfahrens bei Streitigkeiten zwischen Nutzer und Plattform. Auch Verkäufer machen nur in den seltensten Fällen von der Möglichkeit einer Schiedsgerichtsvereinbarung Gebrauch, zumal meist Verträge mit Verbrauchern angestrebt werden, für diese allerdings eine Anwendbarkeit von Schiedsgerichtsklauseln nicht unumstritten ist.[443] Aus diesen Gründen soll an dieser Stelle auf diese Möglichkeit auch nicht näher eingegangen werden.

---

[441] *Köhler*-Baumbach/Hefermehl, § 14 UWG Rn. 16.
[442] *Mankowski*-Spindler/Wiebe, Kap. 12 Rn. 68.
[443] Vgl. *Mankowski*-Spindler/Wiebe, Kap. 12 Rn. 6 ff.

5.4. Gestaltungsvorschläge

Auch für dieses letzte Kapitel werden nachfolgend einige Klauseln vorgestellt, die der Verkäufer, welcher einen internationalen Verkauf zumindest möglich macht, in seine Vertragsbedingungen aufnehmen kann.

5.4.1. Rechtswahl

Die Wahl des anwendbaren Rechts sollte in einer Internetauktion mit möglicherweise internationaler Beteiligung niemals fehlen, auch wenn diese jedenfalls im B-2-C-Bereich eingeschränkt ist:

Alle Ansprüche aus diesem Vertrag unterliegen deutschem Recht unter Ausschluss des CISG.

Auch wenn nach herrschender Ansicht das CISG ohnehin ausgeschlossen ist, schadet doch ein zusätzlicher ausdrücklicher Ausschluss nicht. Ein Hinweis darauf, dass bei B-2-C-Verträgen der Verbraucher die Schutzvorschriften seines Heimatlandes behält, ist nicht erforderlich.

5.4.2. Disclaimer

Wie erläutert, ist der Ausschluss von Bietern aus bestimmten Ländern durchaus sinnvoll, um nicht in eine ausufernde wettbewerbsrechtliche Haftung zu geraten.

Die Auktion ist offen für Bieter aus den folgenden Ländern: [Aufzählung]. Bieter aus anderen Ländern sind von dieser Auktion ausgeschlossen.

Durch diesen Disclaimer wird die internationale Ausrichtung des Angebots jedenfalls mitbestimmt. Notwendig ist insbesondere, dass der Disclaimer eingehalten wird, also tatsächlich mit Bietern aus den ausgeschlossenen Ländern nicht kontrahiert wird. Zum anderen sollten auch keine anderen Informationen im Angebot im Gegensatz zu dem Disclaimer stehen. Beispiele hierfür sind die Informationen hinsichtlich der Versandkosten, die teilweise nach Zielländern differenziert angegeben werden können sowie die in der Maske der Angebotsseite zwingend enthaltene Angabe, wohin versandt wird. Häufig wird hier die Option „weltweit" ausgewählt, welche allerdings der Aussage im Disclaimer entgegenstehen würde. Bei Auswahl dieser Option wäre daher der Disclaimer hinfällig. Daher sollte die zwingende Angabe zu den Lieferorten in der Maske so weit wie möglich eingeschränkt werden.

5.4.3. *Umsatzsteuer im internationalen Handel*

Aus dem Umsatzsteuergesetz ergibt sich schließlich eine weitere Problematik, welche international agierende Verkäufer vertraglich lösen muss. Während Umsätze an Verbraucher innerhalb der EG mit Umsatzsteuer belegt sind,[444] welche der Unternehmer an das Finanzamt abführen muss, sind Ausfuhrlieferungen in Drittstaaten steuerfrei (§ 4 S. 1 Nr. 1 lit. a) UStG). Diese werden regelmäßig erst bei Einfuhr in das Drittland mit einer Einfuhrumsatzsteuer belegt, welche der Käufer direkt an die Finanzbehörden seines Heimatstaates abführen muss. Bei einer Verpflichtung zur Angabe von Bruttopreisen ergeben sich für den Verkäufer dadurch kalkulatorische Unwägbarkeiten. Denn selbst das Anbieten eines Artikels auf der Plattform eines Drittstaates schützt ihn nicht davor, dass der Käufer aus dem Gebiet der EG kommt. Da der Auktionspreis allerdings grundsätzlich einen Bruttopreis darstellt, ergeben sich Abweichungen bei dem tatsächlichen Erlös, wie an folgendem Beispiel kurz dargestellt werden soll.

---

[444] Dies ergibt sich aus dem Umkehrschluss von § 4 S. 1 Nr. 1 lit. b) i. V. m. § 6a Abs. 1 S. 1 Nr. 2 UStG, wonach für eine Steuerbefreiung der Abnehmer Unternehmer sein muss.

Endpreis: 116,00 Euro

Steuersatz: 19 %

Käufer aus EG: 100,00 Euro Erlös, 19,00 Euro abzuführende Umsatzsteuer

Käufer aus Drittland: 119,00 Euro Erlös

Aufgrund dieser Abweichung sowie der Unsicherheit, ob der Umsatz steuerpflichtig oder steuerfrei ist, könnte der Unternehmer folgende Klausel in seine Auktionsbeschreibung aufnehmen:

Käufer aus dem Bereich der Europäischen Gemeinschaft müssen auf den Endpreis 19 % Umsatzsteuer (VAT[445]) zahlen.

Ergebnis dieser Klausel ist es, dass sich die Höhe des Erlöses nicht unterscheidet, unabhängig davon, aus welchem Land der Käufer kommt. Die rechtliche Zulässigkeit wird in zwei Konstellationen untersucht: Zum einen bei Artikeln, welche über die Plattform eines EG-Staates eingestellt wurden, zum anderen bei Artikeln auf der Plattform eines anderen Staates.

Für die erste Alternative wird ein Artikelangebot auf der deutschen eBay-Plattform angenommen. Ein Drittstaat, aus dem ein Käufer mit nicht geringer Wahrscheinlichkeit kommen könnte, ist in diesem Beispiel die Schweiz. Dass – jedenfalls nach der hier vertretenen Auffassung – die Preise nach deutschem Preisangaberecht bei Internetauktionen grundsätzlich auch gegenüber Verbrauchern als Nettopreise angegebenen werden können, wurde bereits dargestellt. Ebenso wurde allerdings dargestellt, dass dem die AGB von eBay.de entgegenstehen.[446] Gegen die obige Klausel könnte folglich der Plattformbetreiber bspw. durch

---

[445] Value Added Tax; entspricht dem Begriff der Umsatz- bzw. Mehrwertsteuer.

[446] Vgl. Kap. 4.3.

Löschung der Auktion vorgehen. In dieser Konstellation fehlt es zudem an einer Schutzwürdigkeit des Verkäufers. Durch die Wahl der deutschen Plattform zeigt er vielmehr an, dass er einen Verkauf innerhalb des EG-Raumes anstrebt. Folglich muss seine Kalkulation auf einen Preis ausgerichtet sein, der die abzuführende Umsatzsteuer bereits enthält. Bei Verkauf des Artikels auf der Plattform eines EG-Staates sollte die obige Klausel folglich nicht genutzt werden.

Theoretisch möglich erscheint stattdessen die folgende Formulierung:

Käufern aus Staaten außerhalb der EG wird die im Preis enthaltene Umsatzsteuer von 19 % erlassen.

Folge ist auch hier, dass im Ergebnis der Erlös bei beiden Käuferarten gleich bleibt. Sinnvoll ist so eine Gestaltung für den Verkäufer allerdings meines Erachtens nicht, da bei Käufern aus Drittländern ohne diese Klausel der Erlös sogar höher wäre als geplant.

Bei der zweiten zu untersuchenden Alternative wird der Artikel vom deutschen Anbieter bei US-amerikanischen Plattform eBay.com angeboten. Die Auktion richtet sich folglich insbesondere an Käufer aus Drittländern. Die AGB von eBay.com schreiben in diesem Zusammenhang auch nicht die Angabe eines Endpreises vor. Stattdessen ist es – nicht nur bei Geschäften im Internet – üblich, dass Verkaufspreise exklusive der sog. „sales tax"[447] ausgewiesen werden. Hinzu kommt, dass die „sales tax" bei Fernabsatzgeschäften nur von solchen Käufern zu zahlen ist, die im selben Bundesstaat wie der Verkäufer leben. Eine typische Klausel lautet:

---

[447] Diese entspricht in ihrem Gehalt der deutschen Umsatzsteuer.

Sales Tax: 6 % will apply to all State of Florida Transactions.

Eine nahezu identische Konstellation ist auch bei Käufern aus EG-Staaten gegeben, wie bereits weiter oben erläutert wurde.

Schließlich muss jedoch noch das Wettbewerbsrecht der Märkte beachtet werden, die betroffen sind. Da innerhalb der EG das Herkunftslandprinzip gilt und sich die Klausel lediglich auf EG-Staaten auswirkt, muss der deutsche Verkäufer folglich nur das deutsche Wettbewerbsrecht beachten. Nach diesem ist eine Nettopreisangabe bei Internetauktionen möglich, so dass die Klausel im Ergebnis wirksam ist.

Insbesondere erleidet der Verbraucher hieraus auch keine Nachteile, da er beim Kauf auf der Plattform eines Drittlandes ohnehin damit rechnen muss, dass er spätestens bei Einfuhr im Wege der sog. Einfuhrumsatzsteuer (§ 1 Abs. 1 Nr. 4 UStG) diesen Aufschlag zahlen muss.

Zum Schluss darf der Verkäufer allerdings nicht außer Acht lassen, dass es sich bei dieser Klausel durchaus um ein zweischneidiges Schwert handelt. Denn das Ergebnis der Gleichstellung der Erlöse wird mit einer möglichen Abschreckung europäischer Käufer erreicht, welche aufgrund der scheinbar höheren Preise u. U. für diesen Artikel keine Gebote abgeben werden. Dies kann zu einem geringeren Bietgefecht und dadurch im Ergebnis auch zu einem niedrigeren Endpreis führen. Je nach Art der Waren muss der Verkäufer hier folglich genau abwägen, ob er eine solche Klausel einsetzt oder nicht.

5.4.4. Gerichtstandswahl

Wie dargestellt wurde, sind die Möglichkeiten einer wirksamen Gerichtstandsvereinbarung massiv eingeschränkt. Im Hinblick auf die Wirksamkeit gegenüber europäischen Verbrauchern empfiehlt es sich daher, die Gerichtstandsvereinbarung mit einer Vereinbarung über den Erfüllungsort zu verbinden, um ggf. die strengen Formvorschriften zu umgehen.

Erfüllungsort ist X-Stadt als Ort der Absendung der Ware [= Sitz des Unternehmers].

Damit würde zumindest ein zusätzlicher Gerichtstand geschaffen werden, der seinerseits allerdings die gesetzlichen nicht verdrängen kann.

Besteht zumindest die theoretische Möglichkeit, dass der Vertragspartner ein Unternehmer sein könnte, sollte vorsorglich noch eine ausschließliche Gerichtstandsvereinbarung in die Angebotsbeschreibung einbezogen werden. Diese hätte zwar bei privaten Käufern keine Bedeutung, wohl aber bei einem unternehmerischen.

Ausschließlicher Gerichtstand für sämtliche Ansprüche aus diesem Vertrag ist X-Stadt [Sitz des Verkäufers].

Weitere Informationen zum Gerichtstand erscheinen nicht sinnvoll.

6. Fazit

Die vorliegende Arbeit zeigt, dass trotz inzwischen mehrerer Urteile des BGH die Rechtslage für verschiedene Fragen hinsichtlich Internetauktionen weiterhin nicht eindeutig ist. Auf der anderen Seite haben sich allerdings für andere Streitpunkte die Wogen mittlerweile geglättet und es hat sich eine herrschende Meinung gebildet.

So besteht hinsichtlich des grundsätzlichen Vertragsschlusses und insbesondere hinsichtlich der Verbindlichkeit der Angebote mittlerweile weitestgehend Einigkeit. Das Angebot eines Verkäufers ist grundsätzlich verbindlich. Eine Rücknahme während der Laufzeit, geschweige denn nach Ablauf der Auktionsdauer, ist ohne Hinzutreten weiterer Umstände nicht möglich.

Doch schon hier gibt es Streit, inwiefern solche Umstände durch Bedingungen des Verkäufers hinzutreten und so die AGB der Plattformbetreiber verdrängen können. Dass dies ohne weiteres möglich ist, wurde ausführlich dargestellt. Der Verkäufer hat es also durch eine entsprechende Gestaltung seiner Auktionsbedingungen in der Hand, wie weit seine Bindung an das Angebot geht.

In diesem Zusammenhang wurde darauf aufmerksam gemacht, dass die tatsächlichen Darstellungen im System der Auktionsplattform nicht immer mit der Rechtswirklichkeit übereinstimmen. Insofern wäre es dringend angezeigt, dass die Plattformen diese Abläufe so umgestalten, dass diese Diskrepanzen nicht mehr auftreten.

Weiterhin wurden im Zuge der Arbeit die umfangreichen Informationspflichten des unternehmerischen Verkäufers gegenüber den Verbrauchern dargestellt. Dabei wurde darauf eingegangen, welche Informationen der Unternehmer tatsächlich weitergeben muss und wie dies am günstigsten bewerkstelligt werden kann.

Im Rahmen der Ausführungen zum Fernabsatzrecht wurde insbesondere das Bestehen bzw. Nichtbestehen eines Widerrufsrechts der Verbraucher diskutiert. Es wurde dargelegt, welche Erwägungen mit dem Gesetzentwurf verbunden waren und wie diese gerade nicht umgesetzt wurden. Es wurden der Streitstand vor dem BGH-Urteil sowie die nachfolgende Diskussion ausführlich dargestellt. In diesem Zusammenhang wurde auch ausgeführt, wie es der BGH unterlassen hat, die fehlerhafte Gesetzgebung zu korrigieren. Das Bestehen eines Widerrufsrechts könnte erheblichen Einfluss auf die Zukunft von Internetauktionen haben, wenn die Verbraucher dieses strategisch ausnutzen. Bisher ist dies allerdings glücklicherweise noch nicht zu erkennen.

Ebenso wurde hinsichtlich der Gefahrtragungspflicht dargelegt, dass der Unternehmer die durch die Abkehr vom Versendungskauf entstehende Belastung grundsätzlich an den Verbraucher zurückgeben kann, wenn dieser darauf verzichtet. Ob diese bestehende Möglichkeit allerdings der „Verbraucherrechtsprechung" des BGH und der Instanzgerichte standhält, wird die Zukunft zeigen.

Schließlich wurde der besonderen Internationalität von Internetauktionen Rechnung getragen und die Bestimmung des anwendbaren Rechts und der Gerichtstände erläutert. Es wurde erläutert, wie sich der Unternehmer allumfassenden internationalen wettbewerbsrechtlichen Ansprüchen entziehen kann, indem er sein Angebot auf bestimmte Länder bzw. Gebiete einschränkt.

Als Ergebnis lässt sich festhalten, dass der unternehmerische Verkäufer der Gestaltung seiner Auktionen die gebührende Aufmerksamkeit widmen sollte. Da sich die Klauseln grundsätzlich immer wieder verwenden lassen, genügt hier ein einmaliger Aufwand. Aufgrund der Rechtsfolgen müssen dabei insbesondere die Informationspflichten so genau wie möglich erfüllt werden. Durch die Formulierung entsprechender weitergehender Klauseln sollte der Verkäufer seine jeweiligen Interessen – welche insbesondere durch die AGB der meisten Auktionshäuser nur sehr unzureichende berücksichtigt werden – entsprechend stärken. Vorschläge, wie dies geschehen kann, wurden in den jeweiligen Kapiteln erläutert.

Danksagung

Danken möchte ich zunächst den Professoren der Hochschule Wismar, insbesondere natürlich Prof. Dr. Toni Möller und Prof. Dr. Peter Kiel für die Betreuung der diesem Buch zugrunde liegenden Diplomarbeit sowie Prof. Dr. Jost W. Kramer für die Unterstützung bei der Veröffentlichung. In diesem Zusammenhang danke ich auch dem Salzwasser-Verlag für die Gelegenheit, meine Arbeit einer breiten Masse an Interessenten zur Verfügung zu stellen.

Besonderer Dank gebührt meinen Kommilitonen, die mich – gewollt oder ungewollt – jeden Morgen dazu motivierten, in der Bibliothek an dieser Arbeit zu schreiben, die ich jederzeit mit den kleinen und großen Problemen der Arbeit belästigen konnte, die immer ein offenes Ohr hatten, die Arbeit Korrektur lasen oder einfach nur da waren. Eine namentliche Aufzählung würde unweigerlich zu der Gefahr führen, dass ich jemanden vergesse, weshalb ich darauf verzichten möchte. Aber ich bin mir sicher jeder von ihnen weiß, dass er gemeint ist.

Ein weiterer Dank geht an die vielen Nutzer von eBay und anderen Versteigerungsplattformen, die ihre Erfahrungen im Internet veröffentlichten und mich so auf so manches Problem aufmerksam machten, welches hoffentlich mit dieser Arbeit gelöst werden kann.

Schließlich und endlich habe ich meiner Familie für die Unterstützung während des Studiums zu danken.

Entscheidungsverzeichnis

KG	17 U 72/04	Beschl. v. 25.01.2005	NJW 2005, 1053
KG	5 W 156/06	Beschl. v. 18.07.2006	NJW 2006, 3215
OLG Düsseldorf	26 Sch 5/04	Beschl. v. 04.05.2004	NJW 2004, 3192
OLG Frankfurt/M.	11 U 18/04 (Kart)	Urt. v. 15.06.2004	NJW 2004, 2098
OLG Frankfurt/M.	6 W 122/98	Beschl. v. 03.12.1998	K & R 1999, 138
OLG Hamm	2 U 58/00	Urt. v. 14.12.2000	NJW 2001, 1142
OLG Hamm	20 U 222/03	Urt. v. 17.03.2004	NJW-RR 2004, 1045
OLG Hamm	4 U 2/05	Urt. v. 14.04.2005	NJW 2005, 2319
OLG Koblenz	5 U 1145/05	Beschl. v. 17.10.2005	K & R 2006, 48
OLG Oldenburg	8 U 93/05	Urt. v. 28.07.2005	NJW 2005, 2556
LG Berlin	103 O 149/01	Urt. v. 09.11.2001	CR 2002, 371
LG Berlin	4 O 293/04	Urt. v. 20.07.2004	NJW 2004, 2831
LG Coburg	22 O 43/04	Urt. v. 06.07.2004	MMR 2005, 330
LG Hamburg	315 O 144/99	Urt. v. 14.04.1999	MMR 1999, 678
LG Hamburg	312 O 753/04	Urt. v. 04.01.2005	MMR 2005, 326
LG Hof	22 S 10/02	Urt. v. 26.04.2002	MMR 2002, 760
LG Memmingen	1H O 1016/04	Urt. v. 23.06.2004	NJW 2004, 2389
LG Münster	4 O 424/99	Urt. v. 21.01.2000	MMR 2000, 280

LG Wiesbaden	13 O 132/99	Urt. v. 13.01.2000	NJW-CoR 2000, 171
AG Bad Hersfeld	10 C 153/04	Urt. v. 22.03.2004	MMR 2004, 500
AG Detmold	7 C 117/04	Urt. v. 27.04.2004	CR 2004, 859
AG Kehl	4 C 716/01	Urt. v. 19.04.2002	NJW-RR 2003, 1060
AG Menden	4 C 183/03	Urt. v. 10.11.2003	MMR 2004, 502
AG Osterholz-Scharmbeck	3 C 415/02	Urt. v. 23.08.2002	ITRB 2003, 239

Literaturverzeichnis

Ahrens, Hans-Jürgen	**Das Herkunftslandprinzip in der E-Commerce-Richtlinie** CR 2000, 835.
Aigner, Dietmar/ **Hofmann**, Dietrich	**Fernabsatzrecht im Internet** Verlag C.H. Beck, München 1. Auflage (2004).
Baumbach/Hefermehl	**Wettbewerbsrecht** Verlag C.H. Beck, München 23. Auflage (2004).
Behr, Volker	**Internationale Tatortszuständigkeit für vorbeugende Unterlassungsklagen bei Wettbewerbsverstößen** GRUR Int. 1992, 604.
v. Bernstorff, Christoph Graf	**Einführung in das englische Recht** C.H. Beck'sche Verlagsbuchhandlung, München 2. Auflage (2000).
Borges, Georg	**Das Widerrufsrecht in der Internet-Auktion** DB 2005, 319.
Braun, Johann	**Widerrufsrecht und Haftungsausschluss bei Internetauktionen** CR 2005, 113.
Brox, Hans	**Allgemeiner Teil des BGB** Carl Heymanns Verlag, Köln 28. Auflage (2004).
Bücker, Stephan	**Internetauktionen – Internationales Privat- und Verfahrensrecht** LIT Verlag, Münster 1. Auflage (2003).

Bund-Länder-Ausschuss „Gewerberecht"	Sitzung des Bund-Länder-Ausschusses „Gewerberecht" GewArch 1997, 60.
Bund-Länder-Ausschuss „Gewerberecht"	Internetversteigerungen sind keine Versteigerungen i. S. d. Par. 34b GewO GewArch 2000, 49.
Bullinger, Winfried	Internet-Auktionen – Die Versteigerung von Neuwaren im Internet aus wettbewerbsrechtlicher Sicht WRP 2000, 253.
Burgard, Ulrich	Online-Marktordnung und Inhaltskontrolle WM 2001, 2102.
Domke, Frank	Nachholung gesetzlicher Informationspflichten bei Fernabsatzverträgen über Finanzdienstleistungen: Kein unbefristetes Widerrufsrecht des Verbrauchers BB 2005, 228.
Eltzschig, Jan	Art. 5 Nr. 1 b EuGVO: Ende oder Fortführung von forum actoris und Erfüllungsortbestimmung leg causae? IPRaX 2002, 491.
Ende, Lothar/ Klein, Alexander	Grundzüge des Vertriebsrechts im Internet Verlag C.H. Beck, München 1. Auflage (2001).
Ernst, Stefan	Der Mausklick als Rechtsproblem – Willenserklärungen im Internet NJW-CoR 1997, 165.

Ernst, Stefan	**Anmerkung zu OLG Frankfurt, 6 W 122/98 (Anwendbares Wettbewerbsrecht im WWW)** NJW-CoR 1999, 303.
Ernst, Stefan	**Die Online-Versteigerung** CR 2000, 304.
Geimer, Reinhold	**Internationales Zivilprozessrecht** Verlag Dr. Otto Schmidt, Köln 5. Auflage (2005).
Götting, Horst-Peter	**Wettbewerbsrecht – Das neue UWG** Verlag C.H. Beck, München 1. Auflage (2005).
Goldmann, Enno	**Rechtliche Rahmenbedingungen für Internet-Auktionen** TENEA Verlag Ltd., Bristol, Niederlassung Berlin 1. Auflage (2005).
Gruber, Joachim	**Vertragsschluss im Internet unter kollisionsrechtlichen Aspekten** DB 1999, 1437.
Gurmann, Stefan	**Internet-Auktionen Gewerberecht – Zivilrecht – Strafrecht** Springer-Verlag, Wien 1. Auflage (2005).
Haas, Lothar/ **Medicus,** Dieter/ **Rolland,** Walter/ **Schäfer,** Carsten/ **Wendtland,** Holger	**Das neue Schuldrecht** Verlag C.H. Beck, München 1. Auflage (2002).
Hahn, Harald H. Th./ **Wilmer,** Thomas	**Handbuch des Fernabsatzrechts** Springer-Verlag, Wien 1. Auflage (2005).

Heiderhoff, Bettina

Internetauktionen als Umgehungsge-schäfte
MMR 2001, 640.

Herberger, Maximilian/
Geiger, Jan Fritz

Verbraucherwiderrufsrecht bei soge-nannten „eBay-Auktionen"
VuR 2005, 248.

Hoeren, Thomas

Internetrecht
http://www.uni-muenster.de/Jura.itm/hoeren/
INHALTE/lehre/lehrematerialien.htm
(Stand: Juni 2006).

Hoeren, Thomas/
Müller, Ulf

Widerrufsrecht bei eBay-Versteigerungen
NJW 2005, 948.

Hoffmann, Jochen

**Anmerkung zu BGH, VIII ZR 375/03
(Widerrufsrecht des Verbrauchers bei
Internet-Auktionen)**
ZIP 2004, 2337.

v. Hoffmann, Bernd/
Thorn, Karsten

Internationales Privatrecht
Verlag C. H. Beck, München
8. Auflage (2005).

Hollerbach, Tobias

**Die rechtlichen Rahmenbedingungen
für Internet-Auktionen**
DB 2000, 2001.

v. Hoyningen-Huene,
Gerrick

Die vertragliche Stellung des Verstei-gerers
NJW 1973, 1473.

Hübner, Ulrich/
Constantinesco, Vlad

Einführung in das französische Recht
Verlag C.H. Beck, München
4. Auflage (2001).

Jayme, Erik/
Hausmann, Rainer

Internationales Privat- und Verfahrensrecht
Verlag C.H. Beck, München
11. Auflage (2002).

Kaestner, Jan/
Tews, Nicole

Informations- und Gestaltungspflichten bei Internet-Auktionen
WRP 2004, 391.

Köhler, Helmut/
Piper, Henning

Gesetz gegen den unlauteren Wettbewerb
Verlag C.H. Beck, München
3. Auflage (2002).

Kronke, Herbert/
Melis, Werner/
Schnyder, Anton K.

Handbuch Internationales Wirtschaftsrecht
Verlag Dr. Otto Schmidt, Köln
1. Auflage (2005).

Krüger, Thomas/
Bütter, Michael

Elektronische Willenserklärungen im Bankgeschäftsverkehr: Risiken des Online-Banking
WM 2001, 221.

Leible, Stefan/
Sosnitza, Olaf
(Hrsg.)

Versteigerungen im Internet
Verlag Recht und Wirtschaft, Heidelberg
1. Auflage (2004).

Leible, Stefan/
Wildemann, Andree

Von Powersellern, Spaßbietern und einem Widerrufsrecht bei Internetauktionen
K & R 2005, 26.

Lettl, Tobias

Versteigerung im Internet – BGH, NJW 2002, 363
JuS 2002, 219.

Lorenz, Stephan

Leistungsgefahr, Gegenleistungsgefahr und Erfüllungsort im Verbrauchsgüterkauf – BGH, NJW 2003, 3341
JuS 2004, 105.

Mankowski, Peter

Der Nachweis der Unternehmereigenschaft
VuR 2004, 79.

Mankowski, Peter

Online-Auktionen, Versteigerungsbegriff und fernabsatzrechtliches Widerrufsrecht
JZ 2005, 444.

Mehrings, Josef

Internet-Verträge und internationales Vertragsrecht
CR 1998, 613.

Moritz, Hans-Werner/
Dreier, Thomas
(Hrsg.)

Rechts-Handbuch zum E-Commerce
Verlag Dr. Otto Schmidt, Köln
2. Auflage (2005).

MüKo

Münchener Kommentar zum Bürgerlichen Gesetzbuch; Band 1; §§ 1 - 240
Verlag C.H. Beck, München
4. Auflage (2001).

MüKo

Münchener Kommentar zum Bürgerlichen Gesetzbuch; Band 2; §§ 241 – 432; FernAbsG
Verlag C.H. Beck, München
4. Auflage (2001).

MüKo

Münchener Kommentar zum Bürgerlichen Gesetzbuch; Band 2a; §§ 241 – 432
Verlag C.H. Beck, München
4. Auflage (2003).

MüKo	**Münchener Kommentar zum Bürgerlichen Gesetzbuch; Band 3; §§ 433 – 610** Verlag C.H. Beck, München 4. Auflage (2004).
MüKo	**Münchener Kommentar zum Bürgerlichen Gesetzbuch; Band 10; Art. 1 – 46 EGBGB** Verlag C.H. Beck, München 4. Auflage (2006).
Paefgen, Walter G.	**Widerrufsrecht bei eBay?** RIW 2005, 178.
Palandt	**Bürgerliches Gesetzbuch** Verlag C.H. Beck, München 65. Auflage (2006).
Prasse, Christian	**Existenzgründer als Unternehmer oder Verbraucher? – Die neue Rechtsprechung des BGH** MDR 2005, 961.
Reinicke, Dietrich/ **Tiedtke**, Klaus	**Kaufrecht** Luchterhand Verlag, München 7. Auflage (2004).
Richly, Sabine	**Anmerkung zu BGH, VIII ZR 375/03 (Widerrufsrecht des Käufers bei Internet-Auktion)** JR 2006, 160.
Rüfner, Thomas	**Virtuelle Marktordnungen und das AGB-Gesetz** MMR 2000, 597.
Ruff, Andreas	**Vertriebsrecht im Internet** Springer-Verlag Berlin, 1. Auflage (2003).

Schack, Haimo	**Internationale Urheber-, Marken- und Wettbewerbsrechtsverletzungen im Internet** MMR 2000, 135.
Schlechtriem, Peter/ **Schwenzer,** Ingeborg (Hrsg.)	**Kommentar zum Einheitlichen UN-Kaufrecht** Verlag C.H. Beck, München 4. Auflage (2004).
Schlegel, Ralf	**Anmerkung zu BGH, VIII ZR 375/03 (Widerrufsrecht des Käufers bei Internet-Auktion)** MDR 2005, 133.
Schmitt, Hansjörg	**Intangible Goods in Online-Kaufverträgen und der Anwendungsbereich des CISG** CR 2001, 145.
Schulze, Martin	**Internetauktionen aus vertragsrechtlicher und wettbewerbsrechtlicher Sicht** Tectum Verlag, Marburg 1. Auflage (2004).
Sester, Peter	**Vertragsabschluss bei Internet-Auktionen** CR 2001, 98.
Soergel	**Bürgerliches Gesetzbuch** Verlag W. Kohlhammer, Stuttgart 13. Auflage (1999).
Spindler, Gerald	**Vertragsabschluss und Inhaltskontrolle bei Internet-Auktionen** ZIP 2001, 809.
Spindler, Gerald	**Anmerkung zu BGH, VIII ZR 375/03 (Widerrufsrecht des Käufers bei Internet-Auktion)** MMR 2005, 40.

Spindler, Gerald/   **TDG – Kommentar**
Schmitz, Peter/   Verlag C.H. Beck, München
Geis, Ivo   1. Auflage (2004).

Spindler, Gerald/   **Internet-Auktionen und Elektronische**
Wiebe, Andreas   **Marktplätze**
(Hrsg.)   Verlag Dr. Otto Schmidt, Köln
     2. Auflage (2005).

Staudinger   **Kommentar zum Bürgerlichen Gesetz-**
     buch mit Einführungsgesetz und Ne-
     bengesetzen; §§ 311, 311a, 312, 312a
     – f (Vertragsschluss)
     Sellier – de Gruyter, Berlin
     Neubearbeitung (2005).

Staudinger   **Kommentar zum Bürgerlichen Gesetz-**
     buch mit Einführungsgesetz und Ne-
     bengesetzen; §§ 328 – 359
     Sellier – de Gruyter, Berlin
     Neubearbeitung (2004).

Staudinger   **Kommentar zum Bürgerlichen Gesetz-**
     buch mit Einführungsgesetz und Ne-
     bengesetzen; §§ 433 – 487
     Sellier – de Gruyter, Berlin
     Neubearbeitung (2004).

Staudinger   **Kommentar zum Bürgerlichen Gesetz-**
     buch mit Einführungsgesetz und Ne-
     bengesetzen; Wiener UN-Kaufrecht
     (CISG)
     Sellier – de Gruyter, Berlin
     Neubearbeitung (2005).

Staudinger, Ansgar/   **Kein Ausschluss des Widerrufsrechts**
Schmidt-Bendun, Rüdi-   **des Verbrauchers im Rahmen einer In-**
ger   **ternetauktion – eBay**
     BB 2005, 732.

Stoffels, Markus

AGB-Recht
Verlag C. H. Beck, München
1. Auflage (2003).

Szczesny, Michael/
Holthusen, Christoph

Zur Unternehmereigenschaft und ihren zivilrechtlichen Folgen im Rahmen von Internetauktionen
K & R 2005, 302.

Trinks, Peter

Anmerkungen zu AG Bad Hersfeld, Widerrufsrecht bei Internetauktion
MMR 2004, 500.

Ulrici, Bernhard

Die enttäuschende Internetauktion – LG Münster, MMR 2000, 280
JuS 2000, 947.

Vehslage, Thorsten

Anmerkung zu LG Hamburg, 315 O 144/99
MMR 1999, 680.

Vehslage, Thorsten

Das geplante Gesetz zur Anpassung der Formvorschriften des Privatrechts und anderer Vorschriften an den modernen Rechtsverkehr
DB 2000, 1801.

Völker, Stefan

Neue Entwicklungen im Recht der Preisangaben
NJW 2000, 2787.

Weyer, Hartmut

Handelsgeschäfte (§§ 343 ff. HGB) und Unternehmergeschäfte (§ 14 BGB)
WM 2005, 490.

Woitke, Thomas

Informations- und Hinweispflichten im E-Commerce
BB 2003, 2469.

Zöller   **Zivilprozessordnung**
Verlag Dr. Otto Schmidt, Köln
25. Auflage (2005).